◉ 선인들이 익혔던 정서함양 입문서

推 句

장 재 석 편역

법인문화사

부수 명칭 일람표

【1획】
- 一 한일
- 丨 뚫을곤
- 丶 점주
- 丿 삐침별
- 乙 새을
- 亅 갈고리궐

【2획】
- 二 두이
- 亠 돼지해머리
- 人 사람인
- 亻 사람인변
- 儿 어진사람인발
- 入 들입
- 八 여덟팔
- 冂 멀경몸
- 冖 민갓머리
- 冫 이수변
- 几 안석궤
- 凵 위튼입구몸
- 刀 칼도
- 刂 선칼도방
- 力 힘력
- 勹 쌀포몸
- 匕 비수비
- 匚 튼입구몸
- 匸 감출혜몸
- 十 열십
- 卜 점복
- 卩 병부절
- 厂 민엄호
- 厶 마늘모
- 又 또우

【3획】
- 口 입구
- 囗 큰입구몸
- 土 흙토
- 士 선비사
- 夂 뒤져올치
- 夊 천천히걸을쇠발
- 夕 저녁석
- 大 큰대
- 女 계집녀
- 子 아들자
- 宀 갓머리
- 寸 마디촌
- 小 작을소
- 尢,兀,尣 절름발이왕
- 尸 주검시엄
- 屮 왼손좌
- 山 뫼산
- 巛,川 개미허리
- 工 장인공
- 己 몸기
- 巾 수건건
- 干 방패간
- 幺 작을요
- 广 엄호
- 廴 민책받침
- 廾 스물입발
- 弋 주살익
- 弓 활궁
- 彐,彑 튼가로왈
- 彡 터럭삼
- 彳 두인변
- 忄 심방변
- 扌 재방변
- 氵 삼수변
- 犭 개사슴록변
- 阝 우부방
- 阝 좌부변

【4획】
- 心,忄 마음심
- 戈 창과
- 戶 지게호
- 手 손수
- 支 지탱할지
- 攴 칠복
- 攵 등글월문
- 文 글월문
- 斗 말두
- 斤 날근
- 方 모방
- 无 없을무
- 旡 이미기방
- 日 날일
- 曰 가로왈
- 月 달월
- 月 육달월
- 木 나무목
- 欠 하품흠
- 止 그칠지
- 歹,歺 죽을사변
- 殳 갖은등글월문
- 母 말무
- 比 견줄비
- 毛 터럭모
- 氏 각시씨
- 气 기운기엄
- 水,氵 물수
- 火 불화
- 灬 연화발
- 爪,爫 손톱조
- 父 아비부
- 爻 점괘효
- 爿 장수장변
- 片 조각편
- 牙 어금니아
- 牛,牜 소우
- 犬 개견
- 王 구슬옥변
- 礻 보일시변
- 耂 늙을로엄
- 艹 초두머리
- 辶 책받침

【5획】
- 玄 검을현
- 玉 구슬옥
- 瓜 외과
- 瓦 기와와
- 甘 달감
- 生 날생
- 用 쓸용
- 田 밭전
- 疋 필필
- 疒 병질엄
- 癶 필발머리
- 白 흰백
- 皮 가죽피
- 皿 그릇명
- 目 눈목
- 矛 창모
- 矢 화살시
- 石 돌석
- 示 보일시
- 禸 짐승발자국유
- 禾 벼화
- 穴 구멍혈
- 立 설립
- 衤 옷의변

【6획】
- 竹 대죽
- 米 쌀미
- 糸 실사
- 缶 장군부
- 网,罒,四 그물망
- 羊 양양
- 羽 깃우
- 老 늙을로
- 而 말이을이
- 耒 가래뢰
- 耳 귀이
- 聿 오직율
- 肉 고기육
- 臣 신하신
- 自 스스로자
- 至 이를지
- 臼 절구구
- 舌 혀설
- 舛 어그러질천
- 舟 배주
- 艮 괘이름간
- 色 빛색
- 艸 초두
- 虍 범호엄
- 虫 벌레훼

【7획】
- 血 피혈
- 行 다닐행
- 衣 옷의
- 襾,西 덮을아

【7획】
- 見 볼견
- 角 뿔각
- 言 말씀언
- 谷 골곡
- 豆 콩두
- 豕 돼지시
- 豸 갖은돼지시변
- 貝 조개패
- 赤 붉을적
- 走 달릴주
- 足 발족
- 身 몸신
- 車 수레거
- 辛 매울신
- 辰 별신
- 辵 갖은책받침
- 邑 고을읍
- 酉 닭유
- 釆 분별할변
- 里 마을리

【8획】
- 金 쇠금
- 長,镸 길장
- 門 문문
- 阜 언덕부
- 隶 미칠이
- 隹 새추
- 雨 비우
- 青 푸를청
- 非 아닐비

【9획】
- 面 낯면
- 革 가죽혁
- 韋 다룸가죽위
- 韭 부추구
- 音 소리음
- 頁 머리혈

【9획】
- 風 바람풍
- 飛 날비
- 食 밥식
- 首 머리수
- 香 향기향

【10획】
- 馬 말마
- 骨 뼈골
- 高 높을고
- 髟 터럭발
- 鬥 싸울투
- 鬯 울창주창
- 鬲 다리굽은솥력
- 鬼 귀신귀

【11획】
- 魚 물고기어
- 鳥 새조
- 鹵 짠땅로
- 鹿 사슴록
- 麥 보리맥
- 麻 삼마

【12획】
- 黃 누를황
- 黍 기장서
- 黑 검을흑
- 黹 바느질할치

【13획】
- 黽 맹꽁이맹
- 鼎 솥정
- 鼓 북고
- 鼠 쥐서

【14획】
- 鼻 코비
- 齊 가지런할제

【15획】
- 齒 이치

【16획】
- 龍 용룡
- 龜 거북귀

【17획】
- 龠 피리약

머리말

　인류의 스승이신 공자(孔子)는 자식 교육을 어떻게 시켰을까요? 공자가 아들인 리(鯉)에게 어떠한 가르침을 주었는지를 보여주는 구절이 『논어(論語)』라는 책에 나옵니다. 그 내용을 한번 볼까요.

　　어느 날 공자(孔子)가 뜰에 서 있을 때 리(鯉)가 그 앞을 지나자 공자가 리를 불러 세우고 "사람이 시(詩)를 배우지 않으면 남과 상대하여 말을 잘 할 수 없다."라고 가르쳤습니다. 그리고 또 다른 날에는 "사람이 예(禮)를 배우지 않으면 몸가짐이 바르지 않아 이 세상을 올바르게 살아갈 수 없다."라고 가르쳤습니다.

　자식을 교육시킴에 있어 우리 조상들도 기본적으로 공자의 이러한 생각과 별다른 차이가 없었습니다. 그래서 인격적으로, 정서적으로 잘 교육된 인간을 길러내기 위해 힘쓰는 과정에서 『명심보감(明心寶鑑)』・『소학(小學)』・『논어(論語)』・『시경(詩經)』・『고문진보(古文眞寶)』 등 여러 가지 책을 배우게 하였는데, 이들 책에 앞서 그 입문서로서 『사자소학(四字小學)』・『추구(推句)』를 익히게 하였던 것입니다.

　『추구(推句)1)』는 정감 있는 사람으로 기르기 위해 조상들이 자식에게 처음 시를 가르칠 교재로 엮은 것인데, 역대 시집(詩集)에서 명구(名句)를 가려 뽑아 편집한 것입니다. 그런 만큼 한 구절 한 구절이 읽는 이에게 감동을 주기에 충분한 것들이라 할 수 있겠습니다. 그러나 『사자소학』과 마찬가지로 언제 누구의 손에 의해 지어졌는지는 확실하지 않다고 합니다. 그리고 자녀들의 교육을 위해 지어진 것이기 때문에 가르치는 이의 의도에 따라 그 내용이 다소 더해지기도 하고 덜어지기도 한 차이가 있는 것으로 알려져 있습니다.

---

1) '推句'는 '좋은 시구(詩句)를 가려 뽑았다'는 뜻에서 '抽(뽑을 추)'자를 써서 '抽句(추구)'로 쓰는 경우도 있다고 합니다. 그런데 '推句'라는 말의 용례를 보면, 원(元)나라 유훈(劉壎)이란 사람이 지은 『은거통의(隱居通議)』의 「사시류원(四詩類苑)」에 "敲推句字"라는 것이 있습니다. 이때 '敲推'라는 말은 '推敲'라는 말과 같은 것으로서, '자구(字句)를 헤아려서 반복하여 다듬는다'는 뜻입니다. '推'는 한자음이 '추'와 '퇴' 두 가지인데, '推敲'라는 것은 '퇴고'라고 읽는 바, 그 이유는 당(唐)나라 시인 가도(賈島)의 시 「제이응유거(題李凝幽居)」 중 '승고월하문(僧敲月下門, 스님이 달빛 아래의 문을 두드리네)'이라는 시구와 관련된 고사 때문입니다. 즉, '僧敲月下門'에서 '敲(고, 두드리다)'자를 쓸 것인지 '推(퇴, 밀다)'자를 쓸 것인지 고심하고 있다가, 당시의 문장가 한유(韓愈)의 의견에 따라 '敲'로 결정하였다는 것입니다. 이상의 내용으로 미루어 보면 '推句' 또한 독음을 '추구'가 아닌 '퇴구'로 함이 옳을 듯하기도 합니다. 그러나 이 책을 말할 때는 통상적으로 '추구'라고 부르고 있습니다.

이 책은 한림원에서 『논어(論語)』를 가르쳐주셨던 김충호 선생님께서 제공해주신 필사본(筆寫本) 『추구(推句)』를 저본(底本)으로 하여 '습자본(쓰기 부분)'과 '독송본(읽기 부분)'으로 새로 편집하고 번역한 것입니다.

이 책의 구성상의 특징은 다음과 같습니다.
첫째, '습자본'과 '독송본'으로 나누어 학습에 편리하도록 했습니다.
둘째, 각 한자(漢字)의 뜻과 음(音), 부수(部首)와 획수(劃數) 및 획순(劃順)을 밝혀 놓았습니다.
셋째, 각 한자(漢字)의 새김은 비록 일반적으로 잘 쓰이지 않는 것일지라도 문장 풀이에 직접적인 관련이 있는 것을 선택했습니다.

언어·문자를 습득함에 있어 반복하여 읽고, 반복하여 쓰는 것 이상의 요령은 없다고 단언할 수 있습니다. 따라서 이 책의 구성을 '습자본(쓰기 부분)'과 '독송본(읽기 부분)'으로 나누어 학습에 효율성을 높이도록 하였습니다. 마음을 가라앉히고 차분히 '습자본' 부분에서 한 쪽씩 써보고, 그에 해당하는 '독송본' 부분을 가부좌를 틀고 허리를 곧게 펴고 앉아 "**천고일월명(天高日月明)이요, 지후초목생(地厚草木生)일새**" 하고 목청 높여 스무 번, 서른 번 읽어보시기 바랍니다. 이렇게 하루 이틀, … 열흘 보름 … 하게 되면 어느새 한자가, 한문이 친근하게 다가올 것입니다.
이 『추구(推句)』를 익히고 『사자소학(四字小學)』을 아직 접하지 못하였다면 선인들이 인성(人性) 함양 입문서로서 익혔던 『사자소학』도 꼭 한 번 학습해 보시길 권합니다. 『사자소학』에는 『추구』와는 또 다른 맛이 있습니다.

끝으로 필순을 입력할 방법을 찾지 못해 고민하고 있을 때 그 해결책을 일러주고 도와주신 하경호님께 감사드리고, 어려운 출판 여건 속에서도 출판을 결정해주신 법인문화사 김근중 사장님께도 감사드립니다.

2010년 2월
장 재 석

推句習字本

天	하늘 천	大부 1획	一 二 于 天			
	天	天	天	天		
高	높을 고	高부 0획	丶 亠 亠 亠 古 古 高 高 高			
	高	高	高	高		
日	해 일	日부 0획	丨 冂 月 日			
	日	日	日	日		
月	달 월	月부 0획	丿 月 月 月			
	月	月	月	月		
明	밝을 명	日부 4획	丨 冂 月 日 日丨 明 明 明			
	明	明	明	明		

天高日月明이요 : 하늘은 높아 일월(해와 달)이 빛나고

地	땅 지	土부 3획	一 十 土 丬 圸 地			
	地	地	地	地		
厚	두꺼울 후	厂부 7획	一 厂 厂 厚 厚 厚 厚 厚			
	厚	厚	厚	厚		
草	풀 초	艸부 6획	丶 艹 艹 艿 艹 芢 苩 草 草			
	草	草	草	草		
木	나무 목	木부 0획	一 十 才 木			
	木	木	木	木		
生	날 생	生부 0획	丿 丿 匕 生 生			
	生	生	生	生		

地厚草木生일새 : 땅은 두꺼워 초목(풀과 나무)이 자라네.

春	봄 춘	日부 5획	一 = 三 声 夫 去 春 春 春
	春 春 春 春		
來	올 래	人부 6획	一 厂 厂 厼 巫 來 來
	來 來 來 來		
李	오얏 리	木부 3획	一 十 ナ 木 本 李 李
	李 李 李 李		
花	꽃 화	艸부 4획	丶 十 十 艹 艾 芢 花
	花 花 花 花		
白	흰 백	白부 0획	丿 亻 冂 白 白
	白 白 白 白		
春來李花白이요 : 봄이 오니 오얏꽃이 희고			

夏	여름 하	夊부 7획	一 丆 丆 丆 百 百 頁 夏 夏
	夏 夏 夏 夏		
至	이를 지	至부 0획	一 乙 丆 互 至 至
	至 至 至 至		
樹	나무 수	木부 12획	十 木 札 柞 桔 梙 梙 樹 樹
	樹 樹 樹 樹		
葉	잎 엽	艸부 9획	丶 十 十 艹 芢 芢 芢 葉
	葉 葉 葉 葉		
青	푸를 청	靑부 0획	一 二 キ 主 靑 靑 靑
	靑 靑 靑 靑		
夏至樹葉靑일새 : 여름이 이르니 나뭇잎이 푸르구나.			

	가을 추	禾부 4획	一 二 千 千 禾 禾 利 秋 秋
秋	秋 秋 秋 秋		
凉	서늘할 량	冫부 8획	丶 冫 冫 广 冴 냥 凉 凉 凉
	凉 凉 凉 凉		
黃	누를 황	黃부 0획	一 廾 廾 並 苎 苦 苗 苗 黃
	黃 黃 黃 黃		
菊	국화 국	艹부 8획	一 艹 艹 艹 芍 芍 芍 菊 菊
	菊 菊 菊 菊		
發	필 발	癶부 7획	丿 ⺜ ⺜ ⺜ ⺜ 癶 登 發 發
	發 發 發 發		
秋凉黃菊發이요 : 가을날씨 서늘해지니 황국(누른 국화)이 피어나고			

	겨울 동	冫부 3획	丿 ク 夂 冬 冬
冬	冬 冬 冬 冬		
寒	찰 한	宀부 9획	丶 宀 宀 宙 审 寔 寒 寒 寒
	寒 寒 寒 寒		
白	흰 백	白부 0획	丿 亻 冂 白 白
	白 白 白 白		
雪	눈 설	雨부 3획	一 厂 广 严 乐 雫 雪 雪 雪
	雪 雪 雪 雪		
來	올 래	人부 6획	一 厂 厈 厼 厼 來 來 來
	來 來 來 來		
冬寒白雪來일새 : 겨울날씨 차가워지니 백설(흰 눈)이 내리네.			

	아버지 부	父부 0획	′ ′′ ゲ 父
父	父 父 父 父		
	어머니 모	母부 1획	ㄴ 口 毌 母 母
母	母 母 母 母		
	일천 천	十부 1획	′ 二 千
千	千 千 千 千		
	해 년	干부 3획	′ ⌒ 仁 仨 丘 年
年	年 年 年 年		
	수명 수	士부 11획	一 十 士 圭 圭 壹 壹 壽 壽
壽	壽 壽 壽 壽		

父母千年壽이요 : 부모님은 천년의 수명을 누리시고

	아들 자	子부 0획	′ 了 子
子	子 子 子 子		
	손자 손	子부 7획	′ 了 孑 孑 孫 孫 孫 孫
孫	孫 孫 孫 孫		
	일만 만	艹부 9획	′ ⺇ ⺇ 芢 苩 莴 萬 萬 萬
萬	萬 萬 萬 萬		
	대 세	一부 4획	一 十 卄 丗 世
世	世 世 世 世		
	영화 영	木부 10획	′ ″ ⺌ ⺌ 炏 炏 榮 榮 榮
榮	榮 榮 榮 榮		

子孫萬世榮일새 : 자손은 만대토록 영화를 누리기를 바라네.

夫	남편 부	大부 1획	一 二 扌 夫
	夫 夫 夫 夫		
婦	아내 부	女부 8획	ㄴ ㇄ 女 女' 女⺕ 婦 婦 婦
	婦 婦 婦 婦		
二	두 이	二부 0획	一 二
	二 二 二 二		
姓	성 성	女부 5획	ㄴ ㇄ 女 女 妙 妙 妙 姓
	姓 姓 姓 姓		
合	합할 합	口부 3획	ノ 人 ᄉ 仒 合 合
	合 合 合 合		

夫婦二姓合이요 : 부부는 두 성씨가 합한 것이요

兄	형 형	儿부 3획	丶 口 口 尸 兄
	兄 兄 兄 兄		
弟	아우 제	弓부 4획	丶 丷 ⺍ ⺍ 弓 弟 弟
	弟 弟 弟 弟		
一	한 일	一부 0획	一
	一 一 一 一		
體	몸 체	骨부 13획	冂 冃 甼 骨 骨 骨 體 體 體
	體 體 體 體		
分	나눌 분	刀부 2획	ノ 八 今 分
	分 分 分 分		

兄弟一體分일새 : 형제는 한 몸에서 갈라져 나온 것일세.

父	아버지 부	父부 0획	′ ′′ ⁄ 父			
	父 父 父 父					
母	어머니 모	母부 1획	ㄴ 口 日 母 母			
	母 母 母 母					
如	같을 여	女부 3획	く 乂 女 如 如 如			
	如 如 如 如					
天	하늘 천	大부 1획	一 二 テ 天			
	天 天 天 天					
地	땅 지	土부 3획	一 十 土 圠 地 地			
	地 地 地 地					

父母如天地이요 : 부모님은 천지(하늘·땅)와 같고

兄	형 형	儿부 3획	ㅣ 口 口 尸 兄			
	兄 兄 兄 兄					
弟	아우 제	弓부 4획	ヽ ″ ″ ″ 当 弟 弟			
	弟 弟 弟 弟					
似	같을 사	人부 5획	′ 亻 亻 化 化 似 似			
	似 似 似 似					
日	해 일	日부 0획	ㅣ 冂 日 日			
	日 日 日 日					
月	달 월	月부 0획	ノ 刀 月 月			
	月 月 月 月					

兄弟似日月일새 : 형제는 일월(해·달)과 같도다.

推句 習字本 13

	하늘 천	大부 1획	一 二 于 天		
天	天	天	天	天	
	땅 지	土부 3획	一 十 土 扫 地 地		
地	地	地	地	地	
	감출 장	艸부 14획	丶 丷 艹 疒 莊 菥 藏 藏 藏		
藏	藏	藏	藏	藏	
	일만 만	艸부 9획	丶 十 艹 苎 苩 莒 萬 萬 萬		
萬	萬	萬	萬	萬	
	사물 물	牛부 4획	丿 丶 牛 牛 牞 物 物 物		
物	物	物	物	物	

天地藏萬物이요 : 하늘과 땅은 만 가지 사물을 감추고

	강 강	水부 3획	丶 丶 氵 汀 江 江		
江	江	江	江	江	
	물 하	水부 5획	丶 丶 氵 沪 沪 沪 河		
河	河	河	河	河	
	묶을 속	木부 3획	一 丆 戸 百 束 束 束		
束	束	束	束	束	
	일천 천	十부 1획	一 二 千		
千	千	千	千	千	
	산 산	山부 0획	丨 屮 山		
山	山	山	山	山	

江河束千山일새 : 강은 천 개의 산을 묶었네.

東	동녘 동	木부 4획	一 厂 厂 百 百 亘 東 東			
	東	東	東	東		
西	서녘 서	西부 0획	一 厂 冂 丙 丙 西			
	西	西	西	西		
日	해 일	日부 0획	丨 冂 日 日			
	日	日	日	日		
月	달 월	月부 0획	丿 刀 月 月			
	月	月	月	月		
門	문 문	門부 0획	丨 冂 冂 冃 門 門 門 門			
	門	門	門	門		

東西日月門이요 : 동서는 해와 달이 나고 드는 문이요

南	남녘 남	十부 7획	一 十 市 内 内 南 南 南 南			
	南	南	南	南		
北	북녘 북	匕부 3획	丨 亅 扌 北 北			
	北	北	北	北		
鴻	큰기러기 홍	鳥부 6획	氵 冫 汀 泖 泖 湘 鴻 鴻 鴻			
	鴻	鴻	鴻	鴻		
雁	기러기 안	隹부 4획	一 厂 厂 厂 厈 厈 雁 雁 雁			
	雁	雁	雁	雁		
路	길 로	足부 6획	口 口 ㅁ 𧾷 𧾷 趴 趵 路 路			
	路	路	路	路		

南北鴻雁路일새 : 남북은 기러기가 날아다니는 길일세.

	훈음	부수/획수	필순				
碧	푸를 벽	石부 9획	二 f 王 王' 珀 珀 碧 碧				
			碧	碧	碧	碧	
海	바다 해	水부 7획	丶 氵 汁 浐 浐 海 海 海				
			海	海	海	海	
黃	누를 황	黃부 0획	一 卄 艹 芢 芢 苦 黃 黃				
			黃	黃	黃	黃	
龍	용 룡	龍부 0획	二 立 育 育 育 背 龍 龍				
			龍	龍	龍	龍	
宅	집 택	宀부 3획	丶 宀 宀 宅 宅 宅				
			宅	宅	宅	宅	

碧海黃龍宅이요 : 푸른 바다는 황룡(누른 용)의 집이요

	훈음	부수/획수	필순				
靑	푸를 청	靑부 0획	一 二 キ 主 青 青 青				
			靑	靑	靑	靑	
松	소나무 송	木부 4획	一 十 才 木 松 松 松				
			松	松	松	松	
白	흰 백	白부 0획	丶 亻 白 白 白				
			白	白	白	白	
鶴	학 학	鳥부 10획	一 亻 隹 隹 雀 雚 鶴 鶴				
			鶴	鶴	鶴	鶴	
樓	다락 루	木부 11획	木 杧 杧 枏 枏 梎 樓 樓				
			樓	樓	樓	樓	

靑松白鶴樓일새 : 푸른 소나무는 백학(흰 학)의 누각이라.

鳥	새 조	鳥부 0획	′ ′ ′ ′ 鳥 鳥 鳥 鳥
歸	돌아갈 귀	止부 14획	′ ′ ′ ′ 歸 歸 歸 歸
沙	모래 사	水부 4획	` ` ` 氵 氵 沙 沙
有	있을 유	月부 2획	ノ ナ ナ 冇 有 有
跡	자취 적	足부 6획	口 口 ロ 足 足 跡 跡 跡 跡

鳥歸沙有跡이오 : 물새가 돌아간 모래밭에는 발자국이 남으나

帆	돛 범	巾부 3획	l ロ 巾 巾 帆 帆
過	지날 과	辵부 9획	口 口 口 咼 咼 咼 過 過 過
浪	물결 랑	水부 7획	` ` ` 氵 氵 浪 浪 浪
無	없을 무	火부 8획	ノ ′ ′ ′ ′ 無 無 無
痕	흔적 흔	疒부 6획	′ 广 广 疒 疒 疒 痕 痕

帆過浪無痕일새 : 돛단배 지나간 물결 위에는 흔적이 없네.

	달 월	月부 0획	丿 几 月 月				
月	月 月 月 月						
	될 위	爪부 8획	⺈ ⺈ ⺈ ⺈ 产 产 产 爲 爲				
爲	爲 爲 爲 爲						
	큰 대	大부 0획	一 ナ 大				
大	大 大 大 大						
	거느릴 장	寸부 8획	丨 丬 爿 爿 爿 爿 將 將 將				
將	將 將 將 將						
	군사 군	車부 2획	冖 冖 冖 冖 冝 冝 軍				
軍	軍 軍 軍 軍						

月爲大將軍이요 : 달은 대장군이요

	별 성	日부 5획	丨 口 日 日 尸 尸 星 星				
星	星 星 星 星						
	지을 작	人부 5획	丿 亻 亻 ⺅ 作 作 作				
作	作 作 作 作						
	일백 백	白부 1획	一 丆 丆 百 百 百				
百	百 百 百 百						
	일만 만	艸부 9획	⺈ ⺁ ⺁ 艹 苜 莒 萬 萬 萬				
萬	萬 萬 萬 萬						
	군사 사	巾부 7획	丿 亻 亻 ⺁ 白 自 師 師 師				
師	師 師 師 師						

星作百萬師일새 : 수많은 별들은 백만의 군사일세.

月	달 월	月부 0획	ノ 刀 月 月
	月 月 月 月		
爲	될 위	爪부 8획	ᐟ ᐟ ᐟ ᐢ ᐢ 厈 爲 爲 爲
	爲 爲 爲 爲		
無	없을 무	火부 8획	ノ 亠 ニ 仁 無 無 無 無
	無 無 無 無		
柄	자루 병	木부 5획	一 十 才 木 木 柄 柄 柄 柄
	柄 柄 柄 柄		
扇	부채 선	戶부 6획	ᐟ ᐟ ᐟ 戶 戶 戶 扇 扇
	扇 扇 扇 扇		

月爲無柄扇이오 : 달은 자루 없는 부채요

星	별 성	日부 5획	ㅣ 冂 日 日 旦 甲 星 星
	星 星 星 星		
作	지을 작	人부 5획	ノ 亻 亻 作 作 作 作
	作 作 作 作		
絶	끊을 절	糸부 6획	幺 糸 糸 糽 絀 絡 絡 絶
	絶 絶 絶 絶		
纓	끈 영	糸부 17획	幺 糸 糸 紺 纓 纓 纓 纓
	纓 纓 纓 纓		
珠	구슬 주	玉부 6획	一 二 干 王 王 珒 珠 珠 珠
	珠 珠 珠 珠		

星作絶纓珠일새 : 별들은 끈 떨어진 구슬일세.

月	달 월	月부 0획	ノ 几 月 月
	月 月 月 月		
作	지을 작	人부 5획	ノ 亻 仁 仁 仁 作 作
	作 作 作 作		
雲	구름 운	雨부 4획	一 厂 戸 而 帀 雨 雲 雲 雲
	雲 雲 雲 雲		
間	사이 간	門부 4획	) 丨 冂 冃 門 門 門 間 間
	間 間 間 間		
鏡	거울 경	金부 11획	𠂉 午 金 鈩 鈩 鉆 錂 錞 鏡
	鏡 鏡 鏡 鏡		

月作雲間鏡이요 : 달은 구름 사이의 거울이요

風	바람 풍	風부 0획	ノ 几 凡 凡 凨 同 風 風 風
	風 風 風 風		
爲	될 위	爪부 8획	一 ノ 爫 爫 產 產 戶 爲 爲
	爲 爲 爲 爲		
竹	대나무 죽	竹부 0획	ノ ㅑ 乍 竹 竹 竹
	竹 竹 竹 竹		
裏	속 리	衣부 7획	亠 亠 亩 車 重 裏 裏 裏
	裏 裏 裏 裏		
琴	거문고 금	玉부 8획	一 二 千 王 玨 珡 琴 琴
	琴 琴 琴 琴		

風爲竹裏琴일새 : 바람은 대나무 속의 거문고일세.

燈	등불 등	火부 12획	丶 火 灯 灯 灯 烃 烃 燈
	燈 燈 燈 燈		
爲	될 위	爪부 8획	丶 ㇇ 乊 爫 爫 爲 爲 爲
	爲 爲 爲 爲		
房	방 방	戶부 4획	丶 ㇇ 戸 戸 戸 房 房
	房 房 房 房		
中	가운데 중	ㅣ부 3획	丨 口 口 中
	中 中 中 中		
月	달 월	月부 0획	丿 几 月 月
	月 月 月 月		

燈爲房中月이요 : 등불은 방 가운데의 달이요

月	달 월	月부 0획	丿 几 月 月
	月 月 月 月		
作	지을 작	人부 5획	丿 亻 亻 仁 仵 作 作
	作 作 作 作		
天	하늘 천	大부 1획	一 二 チ 天
	天 天 天 天		
下	아래 하	一부 2획	一 丅 下
	下 下 下 下		
燈	등불 등	火부 12획	丶 火 灯 灯 灯 烃 烃 燈
	燈 燈 燈 燈		

月作天下燈일새 : 달은 하늘 아래의 등불이라.

白	흰 백	白부 0획	′ ′ ′ 白 白
	白 白 白 白		
雲	구름 운	雨부 4획	一 ー 帀 币 雨 雲 雲 雲
	雲 雲 雲 雲		
山	산 산	山부 0획	丨 凵 山
	山 山 山 山		
上	위 상	一부 2획	丨 卜 上
	上 上 上 上		
蓋	덮개 개	艸부 10획	丶 丷 艹 芏 荖 荖 蓋 蓋
	蓋 蓋 蓋 蓋		

白雲山上蓋이요 : 백운(흰 구름)은 산 위의 덮개요

明	밝을 명	日부 4획	丨 冂 冂 日 旳 明 明 明
	明 明 明 明		
月	달 월	月부 0획	丿 刀 月 月
	月 月 月 月		
水	물 수	水부 0획	丨 刁 水 水
	水 水 水 水		
中	가운데 중	丨부 3획	丨 口 口 中
	中 中 中 中		
珠	구슬 주	玉부 6획	一 二 Ŧ 王 王 玗 玗 珠 珠
	珠 珠 珠 珠		

明月水中珠일새 : 명월(밝은 달)은 물속의 구슬일세.

棹	노 도	木부 8획	一 十 木 ナ 术 柙 柙 植 棹
穿	뚫을 천	穴부 4획	丶 宀 宀 穴 空 空 穿 穿
波	물결 파	水부 5획	丶 氵 氵 汀 沙 波 波
底	바닥 저	广부 5획	丶 广 广 庐 底 底
月	달 월	月부 0획	丿 几 月 月

棹穿波底月이요 : 노는 물결 아래의 달을 뚫고

船	배 선	舟부 5획	ノ 亠 丿 凢 舟 舟 舮 船
壓	누를 압	土부 14획	厂 尸 肩 肩 厭 厭 壓 壓
水	물 수	水부 0획	丿 コ 水 水
中	가운데 중	ㅣ부 3획	丶 口 口 中
天	하늘 천	大부 1획	一 二 チ 天

船壓水中天일새 : 배는 물속의 하늘을 누르네.

月出天開眼

훈음	부수·획	필순
달 월	月부 0획	丿 刀 月 月
날 출	凵부 3획	一 十 屮 出 出
하늘 천	大부 1획	一 二 チ 天
열 개	門부 4획	丨 冂 冃 冃 門 門 門 開 開
눈 안	目부 6획	丨 冂 日 目 旷 眲 眼 眼

月出天開眼이요 : 달이 떠오르니 하늘이 눈을 뜬 듯하고

山高地擧頭

훈음	부수·획	필순
산 산	山부 0획	丨 山 山
높을 고	高부 0획	丶 亠 亠 古 古 高 高 高
땅 지	土부 3획	一 十 土 圵 地 地
들 거	手부 14획	丨 F 臼 舁 舁 俯 擧 擧
머리 두	頁부 7획	一 口 日 豆 豆 豆 頭 頭 頭

山高地擧頭일새 : 산이 높이 솟아 있으니 땅이 머리를 든 듯하네.

	달 월	月부 0획	ノ 几 月 月				
月	月 月 月 月						
	이를 도	刀부 6획	一 エ 云 罕 至 至 到 到				
到	到 到 到 到						
	하늘 천	大부 1획	一 二 千 天				
天	天 天 天 天						
	마음 심	心부 0획	丶 心 心 心				
心	心 心 心 心						
	곳 처	虍부 5획	丨 𠂉 广 庐 虍 虎 虚 處				
處	處 處 處 處						

月到天心處이요 : 달이 하늘 가운데 이르고

	바람 풍	風부 0획	ノ 几 凡 凡 凨 凨 風 風 風				
風	風 風 風 風						
	올 래	人부 6획	一 厂 𠆤 來 來 來 來 來				
來	來 來 來 來						
	물 수	水부 0획	亅 水 水 水				
水	水 水 水 水						
	낯 면	面부 0획	一 丆 𠚤 丙 而 而 面 面 面				
面	面 面 面 面						
	때 시	日부 6획	丨 冂 日 旪 旪 旪 時 時				
時	時 時 時 時						

風來水面時일새 : 바람이 수면에 일 때로다.

月	달 월	月부 0획	ノ 刀 月 月				
	月	月	月	月			
到	이를 도	刀부 6획	一 了 五 至 至 至 到 到				
	到	到	到	到			
梧	벽오동나무 오	木부 7획	一 十 才 木 杧 杧 梧 梧 梧				
	梧	梧	梧	梧			
桐	오동나무 동	木부 6획	一 十 才 木 朴 机 桐 桐 桐				
	桐	桐	桐	桐			
上	위 상	一부 2획	ㅣ ㅏ 上				
	上	上	上	上			
月到梧桐上이요 : 달이 오동나무 위에 이르고

風	바람 풍	風부 0획	ノ 几 凡 凡 凤 凮 凮 風 風				
	風	風	風	風			
來	올 래	人부 6획	一 厂 ア ズ 來 來 來				
	來	來	來	來			
楊	버들 양	木부 9획	十 木 杞 杞 枹 枵 楊 楊				
	楊	楊	楊	楊			
柳	버들 류	木부 5획	一 十 才 木 杊 杊 柳 柳				
	柳	柳	柳	柳			
邊	가 변	辵부 15획	自 臭 臭 臭 臱 臱 邊 邊 邊				
	邊	邊	邊	邊			
風來楊柳邊일새 : 바람이 버드나무 가에 이르네.

山外山不盡

훈음	부수	획순
산 산	山부 0획	丨 山 山
밖 외	夕부 2획	ノ ク タ 外 外
산 산	山부 0획	丨 山 山
아니 불	一부 3획	一 ア 不 不
다할 진	皿부 9획	フ ユ ヨ 尹 聿 圭 肀 盡 盡

山外山不盡이요 : 산 밖에 산이 끝나지 않고

路中路無窮

훈음	부수	획순
길 로	足부 6획	口 ㅁ ㅁ 모 足 足 趵 政 路
가운데 중	丨부 3획	丨 ㅁ ㅁ 中
길 로	足부 6획	口 ㅁ ㅁ 모 足 足 趵 政 路
없을 무	火부 8획	ノ ㄥ ㄒ ㅑ 缶 無 無 無
다할 궁	穴부 10획	宀 穴 穴 究 窅 窅 窮 窮 窮

路中路無窮일새 : 길 안의 길이 다함이 없네.

	사람 인	人부 0획	ノ 人				
人			人	人	人	人	
	마음 심	心부 0획	ノ 心 心 心				
心			心	心	心	心	
	아침 조	月부 8획	一 十 古 古 古 直 卓 朝 朝				
朝			朝	朝	朝	朝	
	저녁 석	夕부 0획	ノ ク 夕				
夕			夕	夕	夕	夕	
	변할 변	言부 16획	言 結 結 結 絲 絲 變 變 變				
變			變	變	變	變	

人心朝夕變이요 : 인심(사람의 마음)은 아침저녁으로 변하는데

	산 산	山부 0획	ㅣ 凵 山				
山			山	山	山	山	
	빛 색	色부 0획	ノ ク 夕 夕 多 色				
色			色	色	色	色	
	옛 고	口부 2획	一 十 十 古 古				
古			古	古	古	古	
	이제 금	人부 2획	ノ 人 人 今				
今			今	今	今	今	
	한가지 동	口부 3획	ㅣ 冂 冂 同 同 同				
同			同	同	同	同	

山色古今同일새 : 산색(산의 빛깔)은 예나 지금이나 한가지로구나.

花	꽃 화	艸부 4획	一 十 廾 屮 ヤ 花 花
	花 花 花 花		
有	있을 유	月부 2획	ノ ナ ナ 冇 有 有
	有 有 有 有		
重	거듭 중	里부 2획	一 二 千 千 舌 듥 重 重
	重 重 重 重		
開	열 개	門부 4획	丨 冂 冋 冋 門 門 門 開 開
	開 開 開 開		
日	날 일	日부 0획	丨 冂 冃 日
	日 日 日 日		

花有重開日이요 : 꽃은 다시 필 날이 있지만

人	사람 인	人부 0획	ノ 人
	人 人 人 人		
無	없을 무	火부 8획	ノ 亠 仁 仁 無 無 無 無
	無 無 無 無		
更	다시 갱	日부 3획	一 冂 冋 冋 百 更 更
	更 更 更 更		
少	적을 소	小부 1획	ノ 小 小 少
	少 少 少 少		
年	해 년	干부 3획	ノ 亠 仁 仁 垂 年
	年 年 年 年		

人無更少年일새 : 사람은 다시 어린 시절로 돌아갈 수 없구나.

馬	말 마	馬부 0획	丨 厂 厂 圧 馬 馬 馬 馬 馬
	馬 馬 馬 馬		
行	갈 행	行부 0획	′ ㇒ 彳 彳 行 行
	行 行 行 行		
千	일천 천	十부 1획	′ 二 千
	千 千 千 千		
里	마을 리	里부 0획	丨 口 日 日 旦 甲 里
	里 里 里 里		
路	길 로	足부 6획	口 尸 卩 𧾷 𧾷 趵 趵 跂 路
	路 路 路 路		

馬行千里路이요 : 말은 천 리의 길을 가고

牛	소 우	牛부 0획	′ 仁 二 牛
	牛 牛 牛 牛		
耕	밭갈 경	耒부 4획	一 三 丰 耒 耒 耒 耕 耕
	耕 耕 耕 耕		
百	일백 백	白부 1획	一 ㇐ 厂 百 百 百
	百 百 百 百		
畝	이랑 묘	田부 5획	′ 亠 亠 㐭 㐭 畝 畝
	畝 畝 畝 畝		
田	밭 전	田부 0획	丨 冂 日 田 田
	田 田 田 田		

牛耕百畝田일새 : 소는 백 이랑의 밭을 가네.

馬	말 마	馬부 0획	丨 厂 厂 馬 馬 馬 馬 馬
	馬 馬 馬 馬		
行	갈 행	行부 0획	ノ ク 彳 彳 行 行
	行 行 行 行		
駒	망아지 구	馬부 5획	丨 厂 厂 馬 馬 馬 駒 駒 駒
	駒 駒 駒 駒		
隨	따를 수	阜부 13획	阝 阝 阝 阝 陏 陏 隋 隋 隨
	隨 隨 隨 隨		
後	뒤 후	彳부 6획	ノ ク 彳 彳 纟 徉 徉 後
	後 後 後 後		

馬行駒隨後이오 : 말이 길 가는데 망아지는 뒤를 따르고

牛	소 우	牛부 0획	ノ 一 二 牛
	牛 牛 牛 牛		
耕	밭갈 경	耒부 4획	一 三 丰 丰 耒 耒 耒 耕 耕
	耕 耕 耕 耕		
犢	송아지 독	牛부 15획	ノ 十 牛 牜 犢 犢 犢 犢 犢
	犢 犢 犢 犢		
臥	누울 와	臣부 2획	一 丆 丆 丆 丨 臣 臥 臥
	臥 臥 臥 臥		
原	들 원	厂부 8획	一 厂 厂 厂 厈 原 原 原 原
	原 原 原 原		

牛耕犢臥原일새 : 소가 밭 가는데 송아지는 들판에 누워 있네.

	버들 류	木부 5획	一 十 十 才 木 札 柯 柳 柳
柳	柳 柳 柳 柳		
	빛 색	色부 0획	⁄ ⁄ ⁄ 冬 各 色
色	色 色 色 色		
	누를 황	黃부 0획	一 廿 廿 甘 井 苫 芇 茜 黃
黃	黃 黃 黃 黃		
	쇠 금	金부 0획	ノ 人 스 合 仝 余 余 金
金	金 金 金 金		
	예쁠 눈	女부 11획	女 女 妁 姊 婞 嫰 嫰 嫩
嫩	嫩 嫩 嫩 嫩		

柳色黃金嫩이요 : 버드나무 잎은 햇빛을 받아 황금빛을 띠고

	배나무 리	木부 7획	⁄ 二 千 チ 禾 利 利 犁 梨
梨	梨 梨 梨 梨		
	꽃 화	艸부 4획	⁄ 十 十 艹 艹 艿 花 花
花	花 花 花 花		
	흰 백	白부 0획	⁄ ⁄ 白 白 白
白	白 白 白 白		
	눈 설	雨부 3획	一 厂 戸 币 雨 雨 雪 雪 雪
雪	雪 雪 雪 雪		
	향기 향	香부 0획	一 二 千 禾 禾 禾 香 香 香
香	香 香 香 香		

梨花白雪香일새 : 배꽃은 흰 눈이 향기를 뿜는 듯하네.

花	꽃 화	艸부 4획	一 十 艹 艹 芢 芢 花 花				
	花	花	花	花			
落	떨어질 락	艸부 9획	一 十 艹 艹 芢 茨 茨 落 落				
	落	落	落	落			
憐	불쌍히여길 련	心부 12획	丶 忄 忄 忄 忰 忰 憐 憐 憐				
	憐	憐	憐	憐			
不	아니 불	一부 3획	一 丆 不 不				
	不	不	不	不			
掃	쓸 소	手부 8획	一 扌 扌 扩 拧 掃 掃 掃				
	掃	掃	掃	掃			

花落憐不掃이요 : 꽃이 떨어지니 아까워 쓸지 못하고

月	달 월	月부 0획	丿 几 月 月				
	月	月	月	月			
明	밝을 명	日부 4획	丨 冂 日 日 旷 明 明 明				
	明	明	明	明			
愛	사랑할 애	心부 9획	一 爫 爫 旤 受 受 愛 愛 愛				
	愛	愛	愛	愛			
無	없을 무	火부 8획	丿 仁 仨 무 無 無 無 無				
	無	無	無	無			
眠	잠잘 면	目부 5획	丨 冂 目 目 旷 旷 眠 眠				
	眠	眠	眠	眠			

月明愛無眠일새 : 달이 밝으니 사랑스러워 잠들 수 없네.

春	봄 춘	日부 5획	一 二 三 声 夫 表 春 春 春
	春 春 春 春		
水	물 수	水부 0획	亅 寸 水 水
	水 水 水 水		
滿	찰 만	水부 11획	氵 汁 汁 泮 泮 滿 滿 滿 滿
	滿 滿 滿 滿		
四	넉 사	口부 2획	丨 冂 冂 四 四
	四 四 四 四		
澤	못 택	水부 13획	氵 汀 汀 澤 澤 澤 澤 澤 澤
	澤 澤 澤 澤		

春水滿四澤이요 : 봄 물은 사방 못에 가득하고

夏	여름 하	夂부 7획	一 丆 丆 百 百 百 頁 夏 夏
	夏 夏 夏 夏		
雲	구름 운	雨부 4획	一 丆 丙 雨 雪 雪 雲 雲 雲
	雲 雲 雲 雲		
多	많을 다	夕부 3획	丿 ク 夕 多 多 多
	多 多 多 多		
奇	기이할 기	大부 5획	一 ナ 大 太 杏 奇 奇 奇
	奇 奇 奇 奇		
峯	봉우리 봉	山부 7획	ㅣ 屮 山 屮 岁 峯 峯 峯
	峯 峯 峯 峯		

夏雲多奇峯일새 : 여름 구름은 기묘한 봉우리를 많이도 만들었네.

野	들 야	里부 4획	口 日 旦 甲 里 野 野 野
	野 野 野 野		
廣	넓을 광	广부 12획	广 广 庁 庐 庐 庐 廣 廣 廣
	廣 廣 廣 廣		
天	하늘 천	大부 1획	一 二 チ 天
	天 天 天 天		
低	밑 저	人부 5획	ノ 亻 亻 伫 伫 低 低
	低 低 低 低		
樹	나무 수	木부 12획	十 木 木 桔 桔 樹 樹 樹 樹
	樹 樹 樹 樹		

野廣天低樹이요 : 들이 넓어 하늘이 나무 밑에 드리우고

江	강 강	水부 3획	丶 冫 氵 汀 江 江
	江 江 江 江		
淸	맑을 청	水부 8획	氵 汀 汁 淸 淸 淸 淸 淸
	淸 淸 淸 淸		
月	달 월	月부 0획	丿 月 月 月
	月 月 月 月		
近	가까울 근	辶부 4획	一 厂 斤 斤 斤 沂 近 近
	近 近 近 近		
人	사람 인	人부 0획	丿 人
	人 人 人 人		

江淸月近人일새 : 강이 맑아 달이 사람을 가까이 따르네.

白	흰 백	白부 0획	′ ⺁ ⺉ 白 白
	蝶 蝶 蝶 蝶		
蝶	나비 접	虫부 9획	口 中 虫 虫 虰 蚰 蛘 蜨 蝶
	蝶 蝶 蝶 蝶		
紛	어지러울 분	糸부 4획	′ ⺱ 幺 纟 糸 糸 糿 紛
	紛 紛 紛 紛		
紛	어지러울 분	糸부 4획	′ ⺱ 幺 纟 糸 糸 糿 紛
	紛 紛 紛 紛		
雪	눈 설	雨부 3획	⼀ ⺁ ⼾ 乕 雨 雩 雪 雪 雪
	雪 雪 雪 雪		

白蝶紛紛雪이요 : 흰나비는 어지러이 날리는 눈발이요

黃	누를 황	黃부 0획	⼀ ⺀ ⺁ ⺀ 苎 苫 苗 苗 黃
	黃 黃 黃 黃		
鶯	꾀꼬리 앵	鳥부 10획	′ ⺀ ⺀⺀ 焱 焱 爫 營 鶯 鶯
	鶯 鶯 鶯 鶯		
片	조각 편	片부 0획	⼁ ⼁′ ⼁″ 片
	片 片 片 片		
片	조각 편	片부 0획	⼁ ⼁′ ⼁″ 片
	片 片 片 片		
金	쇠 금	金부 0획	′ 人 ⼇ 今 仐 全 余 金
	金 金 金 金		

黃鶯片片金일새 : 노란 꾀꼬리는 조각조각 나르는 황금일세.

蝶	나비 접	虫부 9획	口 虫 虫 虫 虻 蛂 蝶 蝶				
	蝶	蝶	蝶	蝶			
翅	날개 시	羽부 4획	一 十 ラ 支 赱 赵 翅 翅				
	翅	翅	翅	翅			
輕	가벼울 경	車부 7획	一 冂 日 旦 車 軋 輕 輕				
	輕	輕	輕	輕			
翻	날 번	羽부 12획	一 二 平 釆 番 番 翻 翻				
	翻	翻	翻	翻			
粉	가루 분	米부 4획	丶 丷 二 十 米 米 粉 粉				
	粉	粉	粉	粉			

蝶翅輕翻粉이요 : 나비 날개는 가벼이 날리는 가루요

鶯	꾀꼬리 앵	鳥부 10획	丶 ⺍ 炏 燃 燃 煢 鶯 鶯				
	鶯	鶯	鶯	鶯			
聲	소리 성	耳부 11획	士 吉 声 声 殸 殸 殸 聲				
	聲	聲	聲	聲			
巧	공교할 교	工부 2획	一 T 工 丂 巧				
	巧	巧	巧	巧			
囀	지저귈 전	口부 18획	口 吨 呻 啴 嚩 嚩 囀 囀				
	囀	囀	囀	囀			
簧	피리 황	竹부 12획	⺮ 竹 竺 笁 笹 等 簹 簧				
	簧	簧	簧	簧			

鶯聲巧囀簧일새 : 꾀꼬리 소리는 잘 지저귀는 피리일세.

狗	개 구	犬부 5획	ノ ナ オ ォ 犭 狗 狗 狗
	狗 狗 狗 狗		
走	달릴 주	走부 0획	一 十 土 キ キ 走 走
	走 走 走 走		
梅	매화나무 매	木부 7획	一 十 才 木 朽 朽 梅 梅 梅
	梅 梅 梅 梅		
花	꽃 화	艸부 4획	一 十 卄 芊 芋 花 花
	花 花 花 花		
落	떨어질 락	艸부 9획	一 十 卄 芊 莎 茨 落 落
	落 落 落 落		

狗走梅花落이요 : 개가 달리니 매화꽃이 떨어지고

※ 개가 달려가면 그 발자국 모양이 매화꽃이 떨어진 듯이 남는다는 뜻.

鷄	닭 계	鳥부 10획	爫 亞 奚 奚 鷄 鷄 鷄
	鷄 鷄 鷄 鷄		
行	갈 행	行부 0획	ノ ク イ 彳 行 行
	行 行 行 行		
竹	대나무 죽	竹부 0획	ノ ト 仁 厼 竹 竹
	竹 竹 竹 竹		
葉	잎 엽	艸부 9획	一 十 卄 芊 莘 葉 葉 葉
	葉 葉 葉 葉		
成	이룰 성	戈부 2획	) 厂 厂 厅 成 成 成
	成 成 成 成		

鷄行竹葉成일새 : 닭이 가니 대나무 잎이 이루어지네.

※ 닭이 지나가면 그 발자국 모양이 대나무 잎처럼 생긴다는 뜻.

青	푸를 청	靑부 0획	一 = キ 主 青 青 青 青
	青 青 青 青		
松	소나무 송	木부 4획	一 十 才 木 木 杦 松 松
	松 松 松 松		
君	임금 군	口부 4획	ㄱ ㅋ ㅋ 尹 尹 君 君
	君 君 君 君		
子	아들 자	子부 0획	了 子
	子 子 子 子		
節	마디 절	竹부 9획	ノ ト ケ 竹 竹 節 節 節 節
	節 節 節 節		

靑松君子節이요 : 푸른 소나무는 군자의 절개요

綠	초록빛 록	糸부 8획	幺 糸 糸 紀 紀 紀 絆 綠 綠
	綠 綠 綠 綠		
竹	대나무 죽	竹부 0획	ノ ト ケ 竹 竹 竹
	竹 竹 竹 竹		
烈	매울 렬	火부 6획	一 ア 歹 歹 列 列 列 烈
	烈 烈 烈 烈		
女	여자 녀	女부 0획	く タ 女
	女 女 女 女		
貞	곧을 정	貝부 2획	卜 ト 广 疒 肯 肯 貞 貞
	貞 貞 貞 貞		

綠竹烈女貞일새 : 푸른 대나무는 열녀의 정절일세.

開襟女乳圓	열 개	門부 4획	丨 冂 冃 冃 門 門 閂 開 開
	開 開 開 開		
	옷깃 금	衣부 13획	亠 衤 衤 衤 衤 衤 襟 襟 襟
	襟 襟 襟 襟		
	여자 녀	女부 0획	乚 夕 女
	女 女 女 女		
	젖 유	乙부 7획	亠 亠 亠 亠 孚 孚 乳
	乳 乳 乳 乳		
	둥글 원	口부 10획	冂 冂 冋 冋 圓 圓 圓 圓
	圓 圓 圓 圓		

開襟女乳圓이요 : 옷깃을 여니 여자의 젖이 둥글고

著弁僧頭角	입을 착	艸부 9획	一 十 艹 艹 艹 莘 莘 著 著
	著 著 著 著		
	고깔 변	廾부 2획	丶 厶 二 弁 弁
	弁 弁 弁 弁		
	중 승	人부 12획	亻 伩 伩 伩 僧 僧 僧 僧
	僧 僧 僧 僧		
	머리 두	頁부 7획	一 口 豆 豆 豆 頭 頭 頭
	頭 頭 頭 頭		
	뿔 각	角부 0획	丿 宀 宀 角 角 角
	角 角 角 角		

著弁僧頭角일새 : 고깔을 쓰니 스님의 머리가 모나네.

脫	벗을 탈	肉부 7획	月 月 月 尸 肝 胪 胪 胎 脫
	脫 脫 脫 脫		
冠	갓 관	冖부 7획	一 冖 冖 冖 宀 完 完 冠 冠
	冠 冠 冠 冠		
翁	늙은이 옹	羽부 4획	丿 八 公 公 公 公 翁 翁 翁
	翁 翁 翁 翁		
頭	머리 두	頁부 7획	一 百 百 豆 豆 豆 頭 頭 頭
	頭 頭 頭 頭		
白	흰 백	白부 0획	丿 丨 冂 白 白
	白 白 白 白		

脫冠翁頭白이요 : 갓을 벗은 늙은이의 머리가 희고

吹	불 취	口부 4획	丨 口 口 叺 吹 吹
	吹 吹 吹 吹		
火	불 화	火부 0획	丶 丶 火 火
	火 火 火 火		
女	여자 녀	女부 0획	乚 女 女
	女 女 女 女		
脣	입술 순	肉부 7획	一 厂 厂 厃 辰 辰 辰 脣 脣
	脣 脣 脣 脣		
紅	붉을 홍	糸부 3획	丿 幺 幺 幺 糸 糸 紅 紅
	紅 紅 紅 紅		

吹火女脣紅일새 : 불을 부는 여자의 입술이 붉구나.

一日不讀書	한 일	一부 0획	一
	날 일	日부 0획	丨冂日日
	아니 불	一부 3획	一丆不不
	읽을 독	言부 15획	言言訁訁詰詰詰詰讀
	글 서	日부 6획	𠃌⼹⺕⼹聿𦘒書書書

一日不讀書이면 : 하루라도 글을 읽지 않으면

口中生荊棘	입 구	口부 0획	丨冂口
	가운데 중	丨부 3획	丨冂口中
	날 생	生부 0획	丿𠂉⺧牛生
	가시나무 형	艸부 6획	一十卄艹艹芏芏荊荊
	가시나무 극	木부 8획	一丆冂市束束朿𣐥棘

口中生荊棘일새 : 입안에 가시가 돋아나네.

十年燈下苦	열 십	十부 0획	一 十				
	十	十	十	十			
	해 년	干부 3획	丿 亠 仁 仁 年 年				
	年	年	年	年			
	등불 등	火부 12획	丶 火 灯 灯 灯 烃 烃 燈 燈				
	燈	燈	燈	燈			
	아래 하	一부 2획	一 丅 下				
	下	下	下	下			
	쓸 고	艸부 5획	丶 十 廾 艹 꾸 芊 苦 苦				
	苦	苦	苦	苦			
十年燈下苦이면 : 십 년 동안 등불 아래에서 힘쓰면							

三日馬頭榮	석 삼	一부 2획	一 二 三				
	三	三	三	三			
	날 일	日부 0획	丨 冂 日 日				
	日	日	日	日			
	말 마	馬부 0획	丨 厂 ェ 王 馬 馬 馬 馬 馬				
	馬	馬	馬	馬			
	머리 두	頁부 7획	一 一 寸 豆 豆 豆 頭 頭 頭				
	頭	頭	頭	頭			
	영화 영	木부 10획	丶 丶 ナ ナ 炋 炋 榮 榮 榮				
	榮	榮	榮	榮			
三日馬頭榮일새 : (급제하여) 삼일 동안 말머리 앞세우고 영광을 누리네.							

推句 習字本

一	한 일	一부 0획	一			
	一	一	一	一		
二	두 이	二부 0획	一 二			
	二	二	二	二		
三	석 삼	一부 2획	一 二 三			
	三	三	三	三		
四	넉 사	口부 2획	丨 冂 冂 四 四			
	四	四	四	四		
五	다섯 오	二부 2획	一 丅 五 五			
	五	五	五	五		

一二三四五이요 : 일 이 삼 사 오이요

六	여섯 륙	八부 2획	丶 一 六 六			
	六	六	六	六		
七	일곱 칠	一부 1획	一 七			
	七	七	七	七		
八	여덟 팔	八부 0획	丿 八			
	八	八	八	八		
九	아홉 구	乙부 1획	丿 九			
	九	九	九	九		
十	열 십	十부 0획	一 十			
	十	十	十	十		

六七八九十일새 : 육 칠 팔 구 십일세.

正月梅花發	바를 정	止부 1획	一 丁 下 正 正			
	正	正	正	正		
	달 월	月부 0획	丿 几 月 月			
	月	月	月	月		
	매화나무 매	木부 7획	一 十 才 木 杧 栂 栂 梅 梅			
	梅	梅	梅	梅		
	꽃 화	艹부 4획	丶 十 艹 艹 扩 芀 花 花			
	花	花	花	花		
	필 발	癶부 7획	丿 ヌ ヌ' 癶 癶 癶 癶 発 發			
	發	發	發	發		

正月梅花發이요 : 정월에 매화꽃이 피어나고

二月柳葉新	두 이	二부 0획	一 二			
	二	二	二	二		
	달 월	月부 0획	丿 几 月 月			
	月	月	月	月		
	버들 류	木부 5획	一 十 才 木 杧 栁 栁 柳 柳			
	柳	柳	柳	柳		
	잎 엽	艹부 9획	丶 十 艹 艹 艹 苎 苹 苹 葉			
	葉	葉	葉	葉		
	새 신	斤부 9획	丶 十 立 辛 辛 亲 新 新 新			
	新	新	新	新		

二月柳葉新일새 : 이월에 버드나무 잎이 새롭네.

	석 삼	一부 2획	一 二 三
三	三 三 三 三		
	달 월	月부 0획	丿 刀 月 月
月	月 月 月 月		
	검을 현	玄부 0획	丶 亠 亠 玄 玄
玄	玄 玄 玄 玄		
	새 조	鳥부 0획	丶 丿 宀 户 皀 鳥 鳥 鳥 鳥
鳥	鳥 鳥 鳥 鳥		
	이를 지	至부 0획	一 乙 云 至 至 至
至	至 至 至 至		

三月玄鳥至이오 : 삼월에 검은 새(제비)가 이르고

	넉 사	口부 2획	丨 冂 四 四 四
四	四 四 四 四		
	달 월	月부 0획	丿 刀 月 月
月	月 月 月 月		
	누를 황	黃부 0획	一 卄 卄 芇 苗 苗 黃 黃
黃	黃 黃 黃 黃		
	꾀꼬리 앵	鳥부 10획	丶 丷 炏 炏 烨 烨 鶯 鶯 鶯
鶯	鶯 鶯 鶯 鶯		
	울 명	鳥부 3획	丨 口 口' 口' 吖 呴 呴 鳴 鳴
鳴	鳴 鳴 鳴 鳴		

四月黃鶯鳴일새 : 사월에 노란 꾀꼬리가 우네.

五月櫻桃熟	다섯 오	二부 2획	一 丁 五 五			
	五	五	五	五		
	달 월	月부 0획	丿 月 月 月			
	月	月	月	月		
	앵두나무 앵	木부 17획	十 才 杧 杻 杻 樱 樱 樱			
	櫻	櫻	櫻	櫻		
	복숭아나무 도	木부 6획	一 十 才 木 札 杙 杦 桃 桃			
	桃	桃	桃	桃		
	익을 숙	火부 11획	亠 古 亯 亨 亨 孰 孰 孰 熟			
	熟	熟	熟	熟		
五月櫻桃熟이요 : 오월에 앵두가 익고						

六月石榴結	여섯 륙	八부 2획	丶 亠 宀 六			
	六	六	六	六		
	달 월	月부 0획	丿 月 月 月			
	月	月	月	月		
	돌 석	石부 0획	一 丆 不 石 石			
	石	石	石	石		
	석류나무 류	木부 10획	木 木 木 木 柊 柊 榴 榴			
	榴	榴	榴	榴		
	맺을 결	糸부 6획	幺 糸 糸 糸 紅 紝 結 結			
	結	結	結	結		
六月石榴結일새 : 유월에 석류가 맺히네.						

七	일곱 칠	一부 1획	一 七			
	七	七	七	七		
月	달 월	月부 0획	丿 几 月 月			
	月	月	月	月		
蟋	귀뚜라미 실	虫부 11획	虫 虫 虫 虫 蟋 蟋 蟋 蟋			
	蟋	蟋	蟋	蟋		
蟀	귀뚜라미 솔	虫부 11획	口 中 虫 虫 虫 蚊 蚊 蟀			
	蟀	蟀	蟀	蟀		
鳴	울 명	鳥부 3획	丨 口 口' 叮 叮 咱 鳴 鳴			
	鳴	鳴	鳴	鳴		
七月蟋蟀鳴이요 : 칠월에 귀뚜라미 울고						

八	여덟 팔	八부 0획	丿 八			
	八	八	八	八		
月	달 월	月부 0획	丿 几 月 月			
	月	月	月	月		
鴻	큰기러기 홍	鳥부 6획	氵 氵 沪 沪 浿 浿 鴻 鴻 鴻			
	鴻	鴻	鴻	鴻		
雁	기러기 안	隹부 4획	一 厂 厂 厂 屵 屵 雁 雁			
	雁	雁	雁	雁		
來	올 래	人부 6획	一 厂 厂 卆 來 來 來			
	來	來	來	來		
八月鴻雁來일새 : 팔월에 기러기가 날아오네.						

九	아홉 구	乙부 1획	ノ 九			
	九 九 九 九					
月	달 월	月부 0획	ノ 刀 月 月			
	月 月 月 月					
嚴	엄할 엄	口부 17획	吅 吅 严 严 嚴 嚴 嚴 嚴			
	嚴 嚴 嚴 嚴					
霜	서리 상	雨부 9획	一 厂 市 雨 雪 雷 霜 霜			
	霜 霜 霜 霜					
降	내릴 강	阜부 6획	㇇ ㇌ 阝 阝 阶 降 降 降			
	降 降 降 降					

九月嚴霜降이요 : 구월에 차가운 서리가 내리고

十	열 십	十부 0획	一 十			
	十 十 十 十					
月	달 월	月부 0획	ノ 刀 月 月			
	月 月 月 月					
白	흰 백	白부 0획	′ ſ 白 白 白			
	白 白 白 白					
雪	눈 설	雨부 3획	一 厂 市 雨 雪 雷 雪 雪			
	雪 雪 雪 雪					
來	올 래	人부 6획	一 厂 굿 굿 來 來 來			
	來 來 來 來					

十月白雪來일새 : 시월에 흰 눈이 내리네.

至	이를 지	至부 0획	一 了 互 丕 至 至
月	달 월	月부 0획	ノ 刀 月 月
烈	매울 렬	火부 6획	一 了 歹 歹 列 列 列 烈
風	바람 풍	風부 0획	ノ 几 凡 凡 凨 風 風 風
吹	불 취	口부 4획	丨 口 口 吖 吖 吹

至月烈風吹이요 : 동짓달에 매서운 바람이 불고

臘	섣달 랍	肉부 15획	月 月 月″ 肸 胅 肸 臘 臘
月	달 월	月부 0획	ノ 刀 月 月
寒	찰 한	宀부 9획	丶 宀 宀 宙 空 寒 寒 寒
氷	얼음 빙	水부 1획	丨 冫 水 氷
堅	굳을 견	土부 8획	一 丆 크 丮 臣 臤 臤 堅

臘月寒氷堅일새 : 섣달에 찬 얼음이 굳어지네.

竹	대나무 죽	竹부 0획	ノ ㇑ ㇓ ㇓ ㇑ 竹
	竹 竹 竹 竹		
筍	죽순 순	竹부 6획	ノ ㇑ ㇓ 竹 竹 笁 筍 筍 筍
	筍 筍 筍 筍		
黃	누를 황	黃부 0획	一 卄 丱 芇 芇 苗 黃 黃
	黃 黃 黃 黃		
犢	송아지 독	牛부 15획	ノ 牛 牛 牜 犢 犢 犢 犢
	犢 犢 犢 犢		
角	뿔 각	角부 0획	ノ ㇒ 介 角 角 角 角
	角 角 角 角		

竹筍黃犢角이요 : 죽순은 누런 송아지의 뿔 모양이요

蕨	고사리 궐	艸부 12획	艹 芒 芦 芦 苩 苩 蕨 蕨 蕨
	蕨 蕨 蕨 蕨		
芽	싹 아	艸부 4획	一 艹 艹 艹 芋 芽 芽
	芽 芽 芽 芽		
小	작을 소	小부 0획	亅 小 小
	小 小 小 小		
兒	아이 아	儿부 6획	ノ 丨 臼 臼 白 臼 兒
	兒 兒 兒 兒		
拳	주먹 권	手부 6획	ノ ㇒ 丷 半 犬 米 拳 拳 拳
	拳 拳 拳 拳		

蕨芽小兒拳일새 : 고사리 싹은 어린 아이의 주먹 모양일세.

水	물 수	水부 0획	丁 才 水 水		
火		水 水 水 水			
金	불 화	火부 0획	、 、 ソ 火		
木		火 火 火 火			
土	쇠 금	金부 0획	ノ 人 人 合 合 全 余 金		
		金 金 金 金			
	나무 목	木부 0획	一 十 才 木		
		木 木 木 木			
	흙 토	土부 0획	一 十 土		
		土 土 土 土			

水火金木土이요 : (오행(五行)은) 수 화 금 목 토요

仁	어질 인	人부 2획	ノ 亻 亻 仁		
義		仁 仁 仁 仁			
禮	옳을 의	羊부 7획	丷 羊 差 差 拳 拳 義 義		
智		義 義 義 義			
信	예도 례	示부 13획	二 丅 示 示' 袖 袖 禮 禮		
		禮 禮 禮 禮			
	지혜 지	日부 8획	ノ 厶 느 ᄼ 矢 知 知 智		
		智 智 智 智			
	믿을 신	人부 7획	ノ 亻 亻' 亻' 仁 仨 信 信		
		信 信 信 信			

仁義禮智信일새 : (오상(五常)은) 인 의 예 지 신일세.

掃地黃金出	쓸 소	手부 8획	一 十 扌 扩 护 护 掃 掃
	掃 掃 掃 掃		
	땅 지	土부 3획	一 十 土 圠 地 地
	地 地 地 地		
	누를 황	黃부 0획	一 卄 廾 艹 芓 苦 苗 黃 黃
	黃 黃 黃 黃		
	쇠 금	金부 0획	丿 人 스 合 仐 佘 余 金
	金 金 金 金		
	날 출	凵부 3획	丨 屮 中 出 出
	出 出 出 出		

掃地黃金出이요 : 땅을 쓰니 황금이 나오고

開門萬福來	열 개	門부 4획	丨 冂 冂 冃 門 門 門 開 開
	開 開 開 開		
	문 문	門부 0획	丨 冂 冂 冃 門 門 門
	門 門 門 門		
	일만 만	艹부 9획	一 十 艹 苩 萬 萬 萬
	萬 萬 萬 萬		
	복 복	示부 9획	二 千 禾 示 禾 福 福 福
	福 福 福 福		
	올 래	人부 6획	一 厂 兀 巫 巫 來 來 來
	來 來 來 來		

開門萬福來일새 : 문을 여니 만복이 굴러오네.

世	세상 세	一부 4획	一 十 卄 丗 世
事	일 사	亅부 7획	一 丆 両 百 亘 写 事
琴	거문고 금	玉부 8획	一 二 F 王 珏 珡 琴 琴 琴
三	석 삼	一부 2획	一 二 三
尺	자 척	尸부 1획	一 コ 尸 尺

世事琴三尺이요 : 세상일은 세 척 거문고에 붙이고

生	날 생	生부 0획	丿 ㅑ ㅗ 牛 生
涯	물가 애	水부 8획	丶 冫 氵 汀 沪 浐 涯 涯
酒	술 주	酉부 3획	丶 冫 氵 汀 沅 洒 洒 酒 酒
一	한 일	一부 0획	一
盃	잔 배	皿부 4획	一 ア オ 不 丕 丕 丕 盃

生涯酒一盃일새 : 생애는 한 잔 술에 맡기네.

	흰 백	白부 0획	′ ′ ′ 白 白			
白	白	白	白	白		
	술 주	酉부 3획	゛ ゛ ゛ 汀 汀 洒 洒 洒 酒			
酒	酒	酒	酒	酒		
	붉을 홍	糸부 3획	′ ㄥ ㄠ 幺 糸 糸 糽 紅 紅			
紅	紅	紅	紅	紅		
	사람 인	人부 0획	ノ 人			
人	人	人	人	人		
	낯 면	面부 0획	一 ア 厂 丙 而 而 面 面 面			
面	面	面	面	面		

白酒紅人面이요 : 백주는 사람의 얼굴을 붉게 하고

	누를 황	黃부 0획	一 艹 艹 쓰 芒 昔 苦 苗 黃			
黃	黃	黃	黃	黃		
	쇠 금	金부 0획	ノ 人 人 스 仐 仐 余 金			
金	金	金	金	金		
	검을 흑	黑부 0획	冂 冂 冂 四 四 甲 里 黑 黑			
黑	黑	黑	黑	黑		
	벼슬아치 리	口부 3획	一 厂 戸 亘 吏 吏			
吏	吏	吏	吏	吏		
	마음 심	心부 0획	′ 心 心 心			
心	心	心	心	心		

黃金黑吏心일새 : 황금은 관리의 마음을 검게 하네.

雲	구름 운	雨부 4획	一 广 币 乖 乖 雲 雲 雲
	雲 雲 雲 雲		
作	지을 작	人부 5획	ノ 亻 亻 仁 作 作
	作 作 作 作		
千	일천 천	十부 1획	ノ 二 千
	千 千 千 千		
層	층 층	尸부 12획	一 コ 尸 尸 屄 屄 屄 層
	層 層 層 層		
嶂	높은 산 장	山부 11획	丨 屮 山 山' 山" 岩 嶂 嶂
	嶂 嶂 嶂 嶂		

雲作千層嶂이요 : 구름은 천 층의 산을 만들고

虹	무지개 홍	虫부 3획	丨 口 口 中 虫 虫 虹 虹
	虹 虹 虹 虹		
爲	할 위	爪부 8획	一 ノ ハ ㅉ 产 戶 爲 爲
	爲 爲 爲 爲		
百	일백 백	白부 1획	一 丆 丆 百 百 百
	百 百 百 百		
尺	자 척	尸부 1획	フ コ 尸 尺
	尺 尺 尺 尺		
橋	다리 교	木부 12획	十 木 木 杯 桥 桥 橋 橋
	橋 橋 橋 橋		

虹爲百尺橋일새 : 무지개는 백 척의 다리를 만드네.

	하늘 천	大부 1획	一 二 チ 天			
天	天	天	天	天		
	길 장	長부 0획	一 ｢ F F 트 툰 長 長			
長	長	長	長	長		
	갈 거	厶부 3획	一 十 土 去 去			
去	去	去	去	去		
	없을 무	火부 8획	′ ∠ ⌐ ㅌ ㅌ 无 無 無 無			
無	無	無	無	無		
	잡을 집	土부 8획	一 十 土 キ 土 幸 幸 執 執			
執	執	執	執	執		

天長去無執이요 : 하늘은 아득히 멀어 가도 가도 잡을 수 없고

	꽃 화	艸부 4획	′ 十 ᅡ 艹 扩 衣 花 花			
花	花	花	花	花		
	늙을 로	老부 0획	一 十 土 耂 耂 老			
老	老	老	老	老		
	나비 접	虫부 9획	口 中 虫 虫 蚯 蚰 蚰 蝶			
蝶	蝶	蝶	蝶	蝶		
	아니 불	一부 3획	一 ㄱ 不 不			
不	不	不	不	不		
	올 래	人부 6획	一 ｢ ｢ 匚 厸 来 來 來			
來	來	來	來	來		

花老蝶不來일새 : 꽃은 시드니 나비가 다시 오지 않네.

推句 習字本

虎	범 호	虎부 2획	` ｜ ｜ ｜ 广 卢 庐 虎 虎`
	虎 虎 虎 虎		
狼	이리 랑	犬부 7획	`' 犭 犭 犭 犳 狍 狼 狼`
	狼 狼 狼 狼		
知	알 지	矢부 3획	`' ｜ ｜ 午 矢 知 知 知`
	知 知 知 知		
父	아버지 부	父부 0획	`' ｜ ｜ 父`
	父 父 父 父		
子	아들 자	子부 0획	`' 了 子`
	子 子 子 子		

虎狼知父子이요 : 범과 이리는 부모와 자식의 도리를 알고

蜂	벌 봉	虫부 7획	`口 中 虫 虫 虯 蚁 蜂 蜂`
	蜂 蜂 蜂 蜂		
蟻	개미 의	虫부 13획	`口 虫 虵 蛘 蛘 蟻 蟻 蟻`
	蟻 蟻 蟻 蟻		
識	알 식	言부 12획	`言 言 訁 諳 諳 識 識 識`
	識 識 識 識		
君	임금 군	口부 4획	`フ コ ユ 尹 尹 君 君`
	君 君 君 君		
臣	신하 신	臣부 0획	`一 下 下 臣 臣 臣`
	臣 臣 臣 臣		

蜂蟻識君臣일새 : 벌과 개미는 임금과 신하의 도리를 아네.

桃	복숭아 도	木부 6획	一 十 才 木 桃 桃 桃 桃
	桃 桃 桃 桃		
李	오얏 리	木부 3획	一 十 才 木 李 李 李
	李 李 李 李		
千	일천 천	十부 1획	一 二 千
	千 千 千 千		
機	베틀 기	木부 12획	十 才 杉 杉 機 機 機 機
	機 機 機 機		
錦	비단 금	金부 8획	人 全 全 金 釗 鈃 錦 錦
	錦 錦 錦 錦		

桃李千機錦이요 : 복숭아꽃과 오얏꽃은 천 베틀로 짜낸 비단이요

江	강 강	水부 3획	丶 丶 氵 江 江 江
	江 江 江 江		
山	산 산	山부 0획	丨 山 山
	山 山 山 山		
一	한 일	一부 0획	一
	一 一 一 一		
畵	그림 화	田부 8획	一 ヨ 聿 聿 書 書 畵 畵
	畵 畵 畵 畵		
屛	병풍 병	尸부 8획	一 尸 尸 尸 屏 屏 屏 屏
	屛 屛 屛 屛		

江山一畵屛일새 : 강과 산은 한 폭의 그림병풍일세.

	한 일	一부 0획	一				
一日十二時	一	一	一	一			
	날 일	日부 0획	丨 冂 日 日				
	日	日	日	日			
	열 십	十부 0획	一 十				
	十	十	十	十			
	두 이	二부 0획	一 二				
	二	二	二	二			
	때 시	日부 6획	丨 冂 日 日 旪 旪 旪 時 時
	時	時	時	時			

一日十二時이요 : 하루는 열두 시요

※ 옛날의 시간단위인 자·축·인·묘·진·사·오·미·신·유·술·해시의 열둘을 말함.

	두루 주	口부 5획	丿 冂 几 冃 用 周 周 周
周天三百度	周	周	周	周			
	하늘 천	大부 1획	一 二 于 天				
	天	天	天	天			
	석 삼	一부 2획	一 二 三				
	三	三	三	三			
	일백 백	白부 1획	一 丆 丆 百 百 百		
	百	百	百	百			
	법도 도	广부 6획	丶 亠 广 广 庐 庐 庐 度 度
	度	度	度	度			

周天三百度일새 : 하늘 한 바퀴는 삼백 도일세.

※ 360도에서 큰 수만 따서 300도라 한 것임.

草	풀 초	艹부 6획	一 十 サ 艹 ナ 芦 草 草
	草 草 草 草		
黃	누를 황	黃부 0획	一 廾 廾 芇 苦 苗 黃 黃
	黃 黃 黃 黃		
鳴	울 명	鳥부 3획	丨 口 口' 口' 吖 咱 咱 鳴 鳴
	鳴 鳴 鳴 鳴		
識	알 식	言부 12획	亠 言 言 言 諳 諳 識 識 識
	識 識 識 識		
犢	송아지 독	牛부 15획	丿 ᅩ 牛 牪 犢 犢 犢 犢
	犢 犢 犢 犢		

草黃鳴識犢이요 : 풀밭이 누른데 우는 것이 있어 송아지인 것을 알겠고

※ 풀밭과 송아지가 같이 누른빛이라 구별을 못하다가 우는 소리를 듣고 비로소 송아지인 줄을 알겠다는 뜻.

沙	모래 사	水부 4획	丶 丶 氵 沙 沙 沙 沙
	沙 沙 沙 沙		
白	흰 백	白부 0획	丿 亻 白 白 白
	白 白 白 白		
動	움직일 동	力부 9획	丿 ᅩ 亻 台 台 重 重 動 動
	動 動 動 動		
知	알 지	矢부 3획	丿 亻 ᅩ 矢 矢 知 知 知
	知 知 知 知		
鷗	갈매기 구	鳥부 11획	一 品 區 區' 鷗 鷗 鷗 鷗
	鷗 鷗 鷗 鷗		

沙白動知鷗일새 : 모래밭이 흰데 움직이는 것이 있어 갈매기인 줄을 알겠네.

※ 모래밭과 갈매기가 같이 흰빛을 띠어 구별을 못하다가 움직이는 것을 보고 비로소 갈매기인 줄을 알겠다는 뜻.

栗	밤나무 률	木부 6획	一 亠 冂 襾 西 西 栗 栗 栗
	栗 栗 栗 栗		
黃	누를 황	黃부 0획	一 卄 芇 苎 芍 苗 苗 黃
	黃 黃 黃 黃		
鼯	날다람쥐 오	鼠부 7획	丿 冂 臼 臼 臼 鼠 鼯 鼯
	鼯 鼯 鼯 鼯		
來	올 래	人부 6획	一 厂 厸 夾 來 來
	來 來 來 來		
拾	주을 습	手부 6획	一 十 扌 扴 扲 拾 拾
	拾 拾 拾 拾		

栗黃鼯來拾이오 : 밤이 누렇게 익으니 다람쥐가 모여들어 줍고

柿	감 시	木부 5획	一 十 オ 木 杧 柿 柿 柿
	柿 柿 柿 柿		
紅	붉을 홍	糸부 3획	乚 纟 幺 糸 糸 糸 紅 紅
	紅 紅 紅 紅		
兒	아이 아	儿부 6획	丿 𠆢 𠂇 臼 臼 白 兒 兒
	兒 兒 兒 兒		
上	오를 상	一부 2획	丨 卜 上
	上 上 上 上		
摘	딸 적	手부 11획	一 十 扌 扩 护 挏 摘 摘 摘
	摘 摘 摘 摘		

柿紅兒上摘일새 : 감이 붉게 익으니 아이들이 올라가 따네.

對	대할 대	寸부 11획	丨 业 业 业 뽜 봘 對 對
	對 對 對 對		
飯	밥 반	食부 4획	丿 人 亽 今 亼 飠 飰 飯
	飯 飯 飯 飯		
蠅	파리 승	虫부 13획	虫 虸 虸 蚏 蚏 蠅 蠅
	蠅 蠅 蠅 蠅		
先	먼저 선	儿부 4획	丿 ᅩ 牛 生 步 先
	先 先 先 先		
集	모일 집	隹부 4획	亻 亻 仁 佳 佳 隹 隼 集 集
	集 集 集 集		

對飯蠅先集이요 : 밥상을 대하니 파리가 먼저 모여들고

如	갈 여	女부 3획	乀 夊 女 如 如
	如 如 如 如		
厠	뒷간 측	厂부 9획	一 厂 厃 后 盾 庐 厠 厠
	厠 厠 厠 厠		
狗	개 구	犬부 5획	丿 犭 犭 狁 犳 狗 狗
	狗 狗 狗 狗		
前	앞 전	刀부 7획	丶 丷 亠 丷 前 前 前 前
	前 前 前 前		
行	갈 행	行부 0획	丿 夕 彳 彳 行 行
	行 行 行 行		

如厠狗前行일새 : 변소에 가려니 개가 먼저 나서네.

細	가늘 세	糸부 5획	ˊ ㄠ ㄠ ㅅ 糸 糽 紳 細
			細 細 細 細
雨	비 우	雨부 0획	一 厂 厂 丌 币 雨 雨 雨
			雨 雨 雨 雨
池	못 지	水부 3획	ˋ ˋ ㆍ氵 汀 池
			池 池 池 池
中	가운데 중	｜부 3획	ㄱ 口 口 中
			中 中 中 中
看	볼 간	目부 4획	一 二 三 手 禾 看 看 看
			看 看 看 看

細雨池中看이요 : 가는 빗줄기는 못 가운데서 (비가 내리는지) 볼 수 있고

微	작을 미	彳부 10획	彳 彳 彳' 彳" 彳" 微 微 微
			微 微 微 微
風	바람 풍	風부 0획	丿 几 凡 凡 凤 風 風 風
			風 風 風 風
木	나무 목	木부 0획	一 十 才 木
			木 木 木 木
末	끝 말	木부 1획	一 二 丰 才 末
			末 末 末 末
知	알 지	矢부 3획	ノ ㅅ ㅗ 乍 矢 知 知 知
			知 知 知 知

微風木末知일새 : 작은 바람은 나무 끝에서 (바람이 부는지) 알 수 있네.

雨	비 우	雨부 0획	一 厂 厅 币 雨 雨 雨 雨
	雨 雨 雨 雨		
滴	떨어질 적	水부 11획	丶 丶 氵 氵 汸 洁 滴 滴 滴
	滴 滴 滴 滴		
沙	모래 사	水부 4획	丶 丶 氵 氵 沙 沙 沙
	沙 沙 沙 沙		
顔	얼굴 안	頁부 9획	亠 亠 产 彦 彦 顔 顔 顔
	顔 顔 顔 顔		
縛	얽을 박	糸부 10획	幺 糸 糸 紆 綑 縛 縛 縛
	縛 縛 縛 縛		

雨滴沙顔縛이요 : 빗방울이 떨어지니 모래 바닥이 얽고

風	바람 풍	風부 0획	丿 几 凡 凡 風 風 風 風 風
	風 風 風 風		
吹	불 취	口부 4획	丨 口 口 吁 吹 吹 吹
	吹 吹 吹 吹		
水	물 수	水부 0획	丨 才 水 水
	水 水 水 水		
面	낯 면	面부 0획	一 丆 厂 丏 而 面 面 面
	面 面 面 面		
嚬	찡그릴 빈	口부 16획	口 吖 吒 吁 哕 嚧 嚬 嚬
	嚬 嚬 嚬 嚬		

風吹水面嚬일새 : 바람이 부니 수면이 찡그리네.

推句 習字本

鳥	새 조	鳥부 0획	′ ŕ 户 户 自 鳥 鳥 鳥
	鳥 鳥 鳥 鳥		
喧	울어댈 훤	口부 9획	口 口' 口' 吖 吖 咟 咺 喧 喧
	喧 喧 喧 喧		
蛇	뱀 사	虫부 5획	口 中 虫 虫 虫' 虫' 虵 蛇 蛇
	蛇 蛇 蛇 蛇		
登	오를 등	癶부 7획	ノ ク グ ブ 癶 癶 登 登 登
	登 登 登 登		
樹	나무 수	木부 12획	十 木 木 桔 桔 桔 桔 樹 樹
	樹 樹 樹 樹		

鳥喧蛇登樹이요 : 새가 우는 것은 뱀이 나무에 오르기 때문이고

犬	개 견	犬부 0획	一 ナ 大 犬
	犬 犬 犬 犬		
吠	짖을 폐	口부 4획	ㅣ 口 口 口― 吋 吠 吠
	吠 吠 吠 吠		
客	손님 객	宀부 6획	′ ′ 宀 宀 夕 交 客 客 客
	客 客 客 客		
到	이를 도	刀부 6획	一 工 互 至 至 至 到 到
	到 到 到 到		
門	문 문	門부 0획	ㅣ 冂 冂 冂 門 門 門 門
	門 門 門 門		

犬吠客到門일세 : 개가 짖는 것은 손님이 대문에 이른 때문일세.

日月籠中鳥	해 일	日부 0획	丨 冂 日 日				
	日	日	日	日			
	달 월	月부 0획	丿 冂 月 月				
	月	月	月	月			
	대그릇 롱	竹부 16획	⺮ 笁 笁 笁 笁 笁 籠 籠				
	籠	籠	籠	籠			
	가운데 중	丨부 3획	丨 口 口 中				
	中	中	中	中			
	새 조	鳥부 0획	ノ 亻 卢 鸟 鸟 鳥 鳥 鳥				
	鳥	鳥	鳥	鳥			

日月籠中鳥이요 : 해와 달은 조롱 속의 새와 같고

乾坤水上萍	하늘 건	乙부 10획	一 十 十 十 古 卓 卓 乾 乾				
	乾	乾	乾	乾			
	땅 곤	土부 5획	一 十 土 圡 圴 坤 坤				
	坤	坤	坤	坤			
	물 수	水부 0획	丨 丿 水 水				
	水	水	水	水			
	위 상	一부 2획	丨 卜 上				
	上	上	上	上			
	부평초 평	艸부 8획	丶 艹 艹 艹 艹 艹 萍 萍				
	萍	萍	萍	萍			

乾坤水上萍일새 : 하늘과 땅은 물 위의 부평초와 같네.

吳	나라이름 오	口부 4획	丶 口 口 吕 吕 吳 吳			
	吳	吳	吳	吳		
楚	나라이름 초	木부 9획	十 才 木 林 埜 棥 梺 楚 楚			
	楚	楚	楚	楚		
東	동녘 동	木부 4획	一 厂 戸 戸 申 東 東			
	東	東	東	東		
南	남녘 남	十부 7획	一 十 广 冇 冇 南 南 南			
	南	南	南	南		
坼	터질 탁	土부 5획	一 十 土 圹 圻 坼 坼			
	坼	坼	坼	坼		

吳楚東南坼이요 : 오나라와 초나라는 동쪽과 남쪽으로 나누어져 있고

乾	하늘 건	乙부 10획	一 十 十 古 古 卓 草 乾 乾			
	乾	乾	乾	乾		
坤	땅 곤	土부 5획	一 十 土 圠 圳 坥 坤			
	坤	坤	坤	坤		
日	해 일	日부 0획	丨 冂 日 日			
	日	日	日	日		
夜	밤 야	夕부 5획	丶 亠 广 广 疒 疒 夜			
	夜	夜	夜	夜		
浮	뜰 부	水부 7획	丶 冫 氵 浐 浐 浮 浮 浮 浮			
	浮	浮	浮	浮		

乾坤日夜浮일새 : 하늘과 땅은 밤낮으로 떠있네.

飲	마실 음	食부 4획	丿 𠂉 𠂉 今 今 食 食 飮 飲				
	飲	飲	飲	飲			
酒	술 주	酉부 3획	丶 氵 氵 汀 汀 洒 洒 酒 酒				
	酒	酒	酒	酒			
人	사람 인	人부 0획	丿 人				
	人	人	人	人			
顔	얼굴 안	頁부 9획	亠 产 产 彦 彦 顔 顔 顔				
	顔	顔	顔	顔			
紅	붉을 홍	糸부 3획	𠃋 幺 幺 糸 糸 糸 紅 紅				
	紅	紅	紅	紅			

飮酒人顔紅이요 : 술을 마시니 사람 얼굴이 붉고

食	먹을 식	食부 0획	丿 人 人 今 今 今 食 食 食				
	食	食	食	食			
草	풀 초	艸부 6획	丶 十 艹 艹 芍 芍 苜 草 草				
	草	草	草	草			
馬	말 마	馬부 0획	丨 厂 𠂆 𠃊 馬 馬 馬 馬 馬				
	馬	馬	馬	馬			
口	입 구	口부 0획	丨 冂 口				
	口	口	口	口			
靑	푸를 청	靑부 0획	一 二 丰 主 丰 靑 靑 靑				
	靑	靑	靑	靑			

食草馬口靑일새 : 풀을 먹으니 말 입이 푸르구나.

推句 習字本

雨	비 우	雨부 0획	一 厂 厅 币 币 雨 雨 雨
	雨 雨 雨 雨		
後	뒤 후	彳부 6획	ノ ク 彳 彳 彳 後 後 後 後
	後 後 後 後		
山	산 산	山부 0획	丨 山 山
	山 山 山 山		
如	같을 여	女부 3획	〈 夕 女 如 如 如
	如 如 如 如		
沐	머리감을 목	水부 4획	丶 丶 氵 氵 汁 汁 沐
	沐 沐 沐 沐		

雨後山如沐이요 : 비온 뒤의 산은 머리를 감은 듯하고

風	바람 풍	風부 0획	ノ 几 凡 凡 凨 凨 風 風 風
	風 風 風 風		
前	앞 전	刀부 7획	丶 丶 䒑 广 方 方 肯 前 前
	前 前 前 前		
草	풀 초	艸부 6획	一 十 卄 卝 芇 芇 苗 苩 草
	草 草 草 草		
似	같을 사	人부 5획	ノ 亻 亻 㐥 似 似
	似 似 似 似		
醉	취할 취	酉부 8획	丅 西 酉 酉 酉 䣜 醉 醉 醉
	醉 醉 醉 醉		

風前草似醉일새 : 바람 앞의 풀은 술에 취한 듯하네.

鷰	제비 연	鳥부 12획	艹	甘	莄	莄	燕	燕	鷰	鷰
	鷰	鷰	鷰	鷰						
語	말씀 어	言부 7획	言	言	言	言	訂	訐	語	語
	語	語	語	語						
雕	새길 조	隹부 8획	刀	月	周	周	周	雕	雕	雕
	雕	雕	雕	雕						
梁	들보 량	木부 7획	氵	汀	汈	汈	汈	梁	梁	梁
	梁	梁	梁	梁						
晚	저물 만	日부 7획	丨	冂	日	日	日	昡	晚	晚
	晚	晚	晚	晚						

鷰語雕梁晚이요 : 제비는 저문 날 조각해놓은 들보에서 지저귀고

鶯	꾀꼬리 앵	鳥부 10획	ˊ	ˇ	炒	燃	燃	榮	鶯	鶯
	鶯	鶯	鶯	鶯						
啼	울 제	口부 9획	口	吖	吁	吁	啼	啼	啼	啼
	啼	啼	啼	啼						
綠	푸를 록	糸부 8획	幺	糸	糸	糽	糽	絈	綠	綠
	綠	綠	綠	綠						
樹	나무 수	木부 12획	十	木	柑	桂	桔	桔	樹	樹
	樹	樹	樹	樹						
深	깊을 심	水부 8획	氵	氵	沪	沪	沪	浑	深	深
	深	深	深	深						

鶯啼綠樹深일새 : 꾀꼬리는 깊은 숲 푸른 나무에서 우네.

花	꽃 화	艸부 4획	丶 ㅗ ㅛ 艹 艾 艾 花 花
	花 花 花 花		
笑	웃을 소	竹부 4획	丿 ㅗ ㅗ 竺 竺 竿 竿 笑
	笑 笑 笑 笑		
聲	소리 성	耳부 11획	士 吉 声 声 殸 殸 殸 聲 聲
	聲 聲 聲 聲		
未	아닐 미	木부 1획	一 二 丰 未 未
	未 未 未 未		
聽	들을 청	耳부 16획	耳 耳 耵 耶 聍 聍 聽 聽 聽
	聽 聽 聽 聽		

花笑聲未聽이요 : 꽃은 웃어도 소리를 들을 수 없고

鳥	새 조	鳥부 0획	丿 冂 冂 甪 鳥 鳥 鳥 鳥
	鳥 鳥 鳥 鳥		
啼	울 제	口부 9획	口 口 啦 啦 啦 啼 啼 啼
	啼 啼 啼 啼		
淚	눈물 루	水부 8획	丶 氵 氵 沪 沪 沪 沪 淚 淚
	淚 淚 淚 淚		
難	어려울 난	隹부 11획	一 艹 甘 莫 莫 漢 難 難 難
	難 難 難 難		
看	볼 간	目부 4획	一 二 三 手 矛 看 看 看
	看 看 看 看		

鳥啼淚難看일새 : 새는 울어도 눈물을 보기 어렵네.

	하늘 천	大부 1획	一 二 于 天				
天	天	天	天	天			
	갤 청	日부 8획	刂 日 日' 日† 旷 晴 晴 晴				
晴	晴	晴	晴	晴			
	한 일	一부 0획	一				
一	一	一	一	一			
	기러기 안	佳부 4획	一 厂 厂 厈 厍 屏 雁 雁				
雁	雁	雁	雁	雁			
	멀 원	辶부 10획	土 吉 吏 吏 袁 袁 遠 遠				
遠	遠	遠	遠	遠			

天晴一雁遠이요 : 하늘 개이니 한 마리 기러기가 멀리 날고

	바다 해	水부 7획	丶 氵 氵 汇 汇 海 海 海 海				
海	海	海	海	海			
	트일 활	門부 9획	l 厂 門 門 門 閂 閏 闊				
闊	闊	闊	闊	闊			
	외로울 고	子부 5획	𠃍 了 孑 孑 孤 孤 孤				
孤	孤	孤	孤	孤			
	돛범	巾부 3획	丨 冂 巾 帄 帆 帆				
帆	帆	帆	帆	帆			
	더딜 지	辶부 12획	尸 尸 屄 屄 屖 犀 犀 遲				
遲	遲	遲	遲	遲			

海闊孤帆遲일새 : 바다는 드넓어 외로운 돛단배 돌아가는 길 더디네.

綠	푸를 록	糸부 8획	幺 糸 糸 紆 紆 紆 紆 綠 綠
	綠 綠 綠 綠		
水	물 수	水부 0획	亅 기 水 水
	水 水 水 水		
鷗	갈매기 구	鳥부 11획	一 品 區 區 區 區 鷗 鷗 鷗
	鷗 鷗 鷗 鷗		
前	앞 전	刀부 7획	丶 丷 䒑 广 前 前 前 前
	前 前 前 前		
鏡	거울 경	金부 11획	厶 午 金 釒 釒 鈬 鏡 鏡
	鏡 鏡 鏡 鏡		

綠水鷗前鏡이요 : 푸른 물은 갈매기 앞에 놓인 거울이요

靑	푸를 청	靑부 0획	一 二 丰 主 丰 靑 靑 靑
	靑 靑 靑 靑		
山	산 산	山부 0획	丨 山 山
	山 山 山 山		
鶴	학 학	鳥부 10획	一 艹 雀 雀 雀 雚 鶴 鶴
	鶴 鶴 鶴 鶴		
後	뒤 후	彳부 6획	丿 彳 彳 彳 彳 後 後 後
	後 後 後 後		
屛	병풍 병	尸부 8획	⼀ 尸 尸 尸 尸 屛 屛 屛
	屛 屛 屛 屛		

靑山鶴後屛일새 : 푸른 산은 학 뒤에 둘러쳐진 병풍일세.

男	사내 남	田부 2획	丨 冂 冃 田 田 男 男
	男 男 男 男		
奴	종 노	女부 2획	乚 乂 女 女 奴
	奴 奴 奴 奴		
負	질 부	貝부 2획	′ 勹 夕 夕 负 負 負 負
	負 負 負 負		
薪	섶나무 신	艸부 13획	一 艹 艹 艹 薪 薪 薪 薪
	薪 薪 薪 薪		
去	갈 거	厶부 3획	一 十 土 去 去
	去 去 去 去		

男奴負薪去이요 : 사내종은 땔나무를 지고 가고

女	계집 녀	女부 0획	乚 乂 女
	女 女 女 女		
婢	종 비	女부 8획	乂 女 女 妒 妒 婢 婢 婢
	婢 婢 婢 婢		
汲	물길 급	水부 4획	′ 冫 氵 氵 汋 汲 汲
	汲 汲 汲 汲		
水	물 수	水부 0획	亅 키 水 水
	水 水 水 水		
來	올 래	人부 6획	一 厂 厂 厃 來 來 來 來
	來 來 來 來		

女婢汲水來일새 : 계집종은 물을 길어 오는구나.

推句 習字本 75

雷	우뢰 뢰	雨부 5획	一 厂 厂 币 乐 乐 霄 霄 雷 雷
霆	천둥소리 정	雨부 7획	一 币 乐 乐 雲 雲 霆 霆 霆
驅	몰 구	馬부 11획	丨 F 馬 馬 馬 駈 駈 駆 驅
號	부르짖을 호	虎부 7획	口 旦 号 号 号 号 號 號 號
令	명령 령	人부 3획	丿 人 今 今 令

雷霆驅號令이요 : 우레와 천둥은 호령소리를 몰아치고

雨	비 우	雨부 0획	一 厂 厂 币 币 雨 雨 雨
露	이슬 로	雨부 13획	一 币 乐 乐 雲 雲 雲 露 露
散	흩을 산	攴부 8획	一 十 卄 丱 丱 芇 肯 散 散
仁	어질 인	人부 2획	丿 亻 仁 仁
恩	은혜 은	心부 6획	丨 冂 冃 团 因 因 因 恩 恩

雨露散仁恩일새 : 비와 이슬은 어진 은택을 베푸네.

雨	비 우	雨부 0획	一 ㄏ ㅏ 币 币 雨 雨 雨
	雨 雨 雨 雨		
脚	다리 각	肉부 7획	丿 月 刖 肑 胠 胠 脚 脚
	脚 脚 脚 脚		
尺	자 척	尸부 1획	乛 コ 尸 尺
	尺 尺 尺 尺		
天	하늘 천	大부 1획	一 二 于 天
	天 天 天 天		
地	땅 지	土부 3획	一 十 土 圵 圸 地
	地 地 地 地		

雨脚尺天地이요 : 빗줄기는 하늘과 땅 사이를 재고

雷	우뢰 뢰	雨부 5획	一 戶 币 币 币 雷 雷 雷 雷
	雷 雷 雷 雷		
聲	소리 성	耳부 11획	士 吉 声 殸 殸 殸 聲 聲
	聲 聲 聲 聲		
叱	꾸짖을 질	口부 2획	丨 冂 口 叱 叱
	叱 叱 叱 叱		
江	강 강	水부 3획	丶 丶 氵 汀 江 江
	江 江 江 江		
山	산 산	山부 0획	丨 山 山
	山 山 山 山		

雷聲叱江山일새 : 우레 소리는 강과 산을 꾸짖네.

堯	요임금 요	土부 9획	一 十 土 尹 寺 垚 垚 堯 堯
	堯 堯 堯 堯		
舜	순임금 순	舛부 6획	一 ⺈ 严 严 舜 舜 舜 舜 舜
	舜 舜 舜 舜		
正	바를 정	止부 1획	一 丁 下 正 正
	正 正 正 正		
午	일곱째지지 오	十부 2획	丿 ⺁ 亠 午
	午 午 午 午		
日	해 일	日부 0획	丨 冂 日 日
	日 日 日 日		

堯舜正午日이요 : 요임금·순임금의 행적은 한낮에 공부하고

孔	성 공	子부 1획	㇇ 了 子 孔
	孔 孔 孔 孔		
孟	성 맹	子부 5획	㇇ 了 子 子 舌 舌 孟 孟
	孟 孟 孟 孟		
夕	저녁 석	夕부 0획	丿 ク 夕
	夕 夕 夕 夕		
陽	볕 양	阜부 9획	⺈ ⻖ 阝 阝 阝 阳 阻 陽 陽
	陽 陽 陽 陽		
時	때 시	日부 6획	丨 冂 日 日 昣 昣 昤 時 時
	時 時 時 時		

孔孟夕陽時일새 : 공자·맹자의 가르침은 저문 때에 공부하세.

家	집 가	宀부 7획	丶 宀 宀 宁 穷 宇 家 家
	家 家 家 家		
貧	가난할 빈	貝부 4획	丿 八 分 分 尓 岔 貧 貧
	貧 貧 貧 貧		
思	생각할 사	心부 5획	丨 冂 曰 田 田 甲 思 思 思
	思 思 思 思		
賢	어질 현	貝부 8획	一 丆 亍 ㄐ 臣 臤 臤 賢 賢
	賢 賢 賢 賢		
妻	아내 처	女부 5획	一 ㄋ ㄐ 㐃 丰 妻 妻 妻
	妻 妻 妻 妻		

家貧思賢妻이요 : 집안이 빈한하면 어진 아내를 생각하고

國	나라 국	口부 8획	冂 冂 冋 同 冋 國 國 國 國
	國 國 國 國		
亂	어지러울 난	乙부 12획	丶 ㄚ 㐇 肙 肙 肙 肙 肙 亂
	亂 亂 亂 亂		
思	생각할 사	心부 5획	丨 冂 曰 田 田 甲 思 思 思
	思 思 思 思		
忠	충성 충	心부 4획	丨 冂 口 中 中 忠 忠 忠
	忠 忠 忠 忠		
臣	신하 신	臣부 0획	一 丆 亍 ㄐ 臣 臣
	臣 臣 臣 臣		

國亂思忠臣일새 : 나라가 어지러우면 충성스런 신하를 생각하네.

夕	저녁 석	夕부 0획	ノ ク 夕
	夕 夕 夕 夕		
弄	희롱할 롱	廾부 4획	一 二 干 王 王 䒑 弄
	弄 弄 弄 弄		
西	서녘 서	襾부 0획	一 厂 冂 丙 西 西
	西 西 西 西		
嶼	섬 서	山부 14획	山 山 屿 屿 峪 嶼 嶼 嶼
	嶼 嶼 嶼 嶼		
月	달 월	月부 0획	) 刀 月 月
	月 月 月 月		

夕弄西嶼月이요 : 저녁에는 서쪽 섬에서 떠오르는 달을 즐기고

朝	아침 조	月부 8획	一 十 十 古 古 直 卓 朝 朝
	朝 朝 朝 朝		
吟	읊을 음	口부 4획	) 口 口 叭 吟 吟
	吟 吟 吟 吟		
東	동녘 동	木부 4획	一 厂 冂 曰 甴 申 東 東
	東 東 東 東		
渚	물가 저	水부 9획	氵 氵 汁 洰 沙 洰 渚 渚
	渚 渚 渚 渚		
風	바람 풍	風부 0획	) 几 凡 凡 凩 風 風 風
	風 風 風 風		

朝吟東渚風일새 : 아침에는 동쪽 물가에서 불어오는 바람을 읊조리네.

崑	산이름 곤	山부 8획	丨 ㄩ 屮 屵 峃 崑 崑 崑
	崑 崑 崑 崑		
崙	산이름 륜	山부 8획	丨 ㄩ 屮 屮 屵 岺 峇 崙
	崙 崙 崙 崙		
山	산 산	山부 0획	丨 ㄩ 山
	山 山 山 山		
祖	조상 조	示부 5획	一 二 亍 礻 礻 利 初 祖 祖
	祖 祖 祖 祖		
宗	마루 종	宀부 5획	丶 宀 宀 宀 宗 宗 宗
	宗 宗 宗 宗		

崑崙山祖宗이요 : 곤륜산은 산의 우두머리요

黃	누를 황	黃부 0획	一 卄 卄 艹 苎 昔 苗 黃 黃
	黃 黃 黃 黃		
河	강이름 하	水부 5획	丶 氵 氵 汀 沪 沪 河
	河 河 河 河		
水	물 수	水부 0획	亅 氵 水 水
	水 水 水 水		
根	뿌리 근	木부 6획	十 才 木 朾 朾 柯 柑 根 根
	根 根 根 根		
源	근원 원	水부 10획	丶 氵 氵 氵 沪 沪 沪 源 源 源
	源 源 源 源		

黃河水根源일새 : 황하수는 물의 근원일세.

地	땅 지	土부 3획	一 十 土 土 地 地
	地 地 地 地		
闊	트일 활	門부 9획	丨 冂 冃 門 門 閂 閬 闊 闊
	闊 闊 闊 闊		
三	석 삼	一부 2획	一 二 三
	三 三 三 三		
千	일천 천	十부 1획	一 二 千
	千 千 千 千		
界	지경 계	田부 4획	丨 冂 曰 田 田 甲 毘 界 界
	界 界 界 界		

地闊三千界이요 : 땅은 넓어 삼천 세계요

天	하늘 천	大부 1획	一 二 チ 天
	天 天 天 天		
長	길 장	長부 0획	一 冂 F F 丰 長 長 長
	長 長 長 長		
九	아홉 구	乙부 1획	丿 九
	九 九 九 九		
萬	일만 만	艸부 9획	一 十 艹 艹 苩 萬 萬 萬
	萬 萬 萬 萬		
里	마을 리	里부 0획	丨 冂 曰 日 旦 甲 里
	里 里 里 里		

天長九萬里일세 : 하늘은 아득히 멀어 구만 리일세.

春	봄 춘	日부 5획	一 二 三 声 夫 未 表 春 春				
	春 春 春 春						
耕	밭갈 경	耒부 4획	一 二 丰 丯 耒 耒 耒 耕 耕				
	耕 耕 耕 耕						
復	다시 부	彳부 9획	丿 彳 彳 彳 祊 徇 徫 復 復				
	復 復 復 復						
夏	여름 하	夂부 7획	一 丆 丆 丆 百 百 頁 夏 夏				
	夏 夏 夏 夏						
耘	김맬 운	耒부 4획	一 二 丰 丯 耒 耒 耒 耘 耘				
	耘 耘 耘 耘						

春耕復夏耘이요 : 봄에 밭 갈고 여름에는 김매어

秋	가을 추	禾부 4획	一 二 千 禾 禾 禾 秋 秋				
	秋 秋 秋 秋						
收	거둘 수	攴부 2획	乚 丩 收 收 收 收				
	收 收 收 收						
乃	이에 내	丿부 1획	丿 乃					
	乃 乃 乃 乃						
冬	겨울 동	冫부 3획	丿 夂 夂 冬 冬				
	冬 冬 冬 冬						
藏	감출 장	艹부 14획	丶 十 艹 莽 菲 薠 藏 藏 藏				
	藏 藏 藏 藏						

秋收乃冬藏일새 : 가을에는 거두어들이고 겨울에는 갈무리해 두세.

楊	버들 양	木부 9획	十 木 杧 杧 杧 枵 楊 楊 楊				
	楊	楊	楊	楊				
柳	버들 류	木부 5획	一 十 才 木 木 杧 柳 柳				
	柳	柳	柳	柳				
絲	실 사	糸부 6획	乚 幺 幺 糸 糸 糸 絲 絲				
	絲	絲	絲	絲				
絲	실 사	糸부 6획	乚 幺 幺 糸 糸 糸 絲 絲				
	絲	絲	絲	絲				
綠	푸를 록	糸부 8획	幺 糸 糸 糽 糽 紵 綠 綠				
	綠	綠	綠	綠				

楊柳絲絲綠이요 : 버드나무는 줄기마다 푸르고

桃	복숭아 도	木부 6획	一 十 才 木 村 村 村 桃 桃				
	桃	桃	桃	桃				
花	꽃 화	艸부 4획	丶 十 卄 花 花 花 花				
	花	花	花	花				
點	점 점	黑부 5획	口 日 旦 甲 里 黑 黒 點 點				
	點	點	點	點				
點	점 점	黑부 5획	口 日 旦 甲 里 黑 黒 點 點				
	點	點	點	點				
紅	붉을 홍	糸부 3획	乚 幺 幺 糸 糸 糸 紅 紅				
	紅	紅	紅	紅				

桃花點點紅일새 : 복숭아꽃은 점점이 붉구나.

月	달 월	月부 0획	丿 几 月 月
	月 月 月 月		
移	옮길 이	禾부 6획	一 二 千 禾 禾 移 移 移
	移 移 移 移		
山	산 산	山부 0획	丨 山 山
	山 山 山 山		
影	그림자 영	彡부 12획	口 日 旦 昌 昌 景 景 景 影
	影 影 影 影		
改	고칠 개	攴부 3획	丁 コ 己 己 卆 改 改
	改 改 改 改		

月移山影改이요 : 달이 옮겨가니 산 그림자도 바뀌고

地	땅 지	土부 3획	一 十 土 圵 圠 地
	地 地 地 地		
崩	무너질 붕	山부 8획	丨 屮 屮 宀 岸 岸 岸 崩 崩
	崩 崩 崩 崩		
石	돌 석	石부 0획	一 丆 ナ 石 石
	石 石 石 石		
隱	숨을 은	阜부 14획	阝 阝 阝 阝 陉 隱 隱 隱
	隱 隱 隱 隱		
沙	모래 사	水부 4획	丶 丶 氵 沙 沙 沙 沙
	沙 沙 沙 沙		

地崩石隱沙일새 : 땅이 무너지니 돌이 모래 속에 숨는구나.

推句 習字本　85

山吐孤輪月	산 산	山부 0획	ㅣ 山 山
	山 山 山 山		
	토할 토	口부 3획	ㅣ 口 口 吖 吐 吐
	吐 吐 吐 吐		
	외로울 고	子부 5획	ㄱ 了 子 孑 孤 孤 孤
	孤 孤 孤 孤		
	바퀴 륜	車부 8획	一 日 旦 車 軡 軡 輪 輪
	輪 輪 輪 輪		
	달 월	月부 0획	丿 刀 月 月
	月 月 月 月		
山吐孤輪月이요 : 산은 외로운 바퀴 모양의 달을 토해내고			

江含萬里風	강 강	水부 3획	丶 丶 氵 汀 江 江
	江 江 江 江		
	머금을 함	口부 4획	丿 人 𠆢 今 今 含 含
	含 含 含 含		
	일만 만	艸부 9획	丶 卄 卄 苩 苩 萬 萬 萬
	萬 萬 萬 萬		
	마을 리	里부 0획	ㅣ 口 日 曰 旦 里 里
	里 里 里 里		
	바람 풍	風부 0획	丿 几 凡 凡 風 風 風 風 風
	風 風 風 風		
江含萬里風일새 : 강은 만 리의 바람을 머금도다.			

秋	가을 추	禾부 4획	ノ 二 千 禾 禾 禾 秒 秒 秋
	秋 秋 秋 秋		
月	달 월	月부 0획	ノ 刀 月 月
	月 月 月 月		
揚	떨칠 양	手부 9획	一 十 扌 护 护 押 押 揚 揚
	揚 揚 揚 揚		
明	밝을 명	日부 4획	l 冂 日 日 町 明 明 明
	明 明 明 明		
輝	빛날 휘	車부 8획	l 小 业 光 炉 炉 炉 煇 輝
	輝 輝 輝 輝		

秋月揚明輝이요 : 가을 달은 밝은 빛을 떨치고

冬	겨울 동	冫부 3획	ノ 夕 冬 冬 冬
	冬 冬 冬 冬		
嶺	산봉우리 령	山부 14획	屵 屵 屵 岁 岁 崙 嶺 嶺
	嶺 嶺 嶺 嶺		
秀	빼어날 수	禾부 2획	一 二 千 禾 禾 秀 秀
	秀 秀 秀 秀		
孤	외로울 고	子부 5획	フ 了 子 孑 孔 孤 孤
	孤 孤 孤 孤		
松	소나무 송	木부 4획	一 十 才 木 术 松 松 松
	松 松 松 松		

冬嶺秀孤松일새 : 겨울 산봉우리에는 외로운 소나무가 우뚝하네.

草	풀 초	艹부 6획	一 十 十 艹 芍 莒 草 草			
	草 草 草 草					
露	이슬 로	雨부 13획	一 广 而 兩 雷 雪 雲 露 露			
	露 露 露 露					
蟲	벌레 충	虫부 12획	丨 口 口 中 虫 虫 蚩 蟲			
	蟲 蟲 蟲 蟲					
聲	소리 성	耳부 11획	士 吉 声 殸 殸 殸 聲 聲			
	聲 聲 聲 聲					
濕	젖을 습	水부 14획	氵 沪 汩 沪 混 濕 濕 濕			
	濕 濕 濕 濕					

草露蟲聲濕이요 : 풀잎 이슬에 벌레소리마저 젖어 있고

林	수풀 림	木부 4획	一 十 才 木 木 杧 材 林			
	林 林 林 林					
風	바람 풍	風부 0획	丿 几 凡 凡 凨 凨 風 風 風			
	風 風 風 風					
鳥	새 조	鳥부 0획	' 丫 户 户 自 鳥 鳥 鳥 鳥			
	鳥 鳥 鳥 鳥					
夢	꿈 몽	夕부 11획	一 十 艹 芍 莔 苗 蕚 夢 夢			
	夢 夢 夢 夢					
危	위태할 위	卩부 4획	' ⺈ 广 产 产 危			
	危 危 危 危					

林風鳥夢危일새 : 숲 속 바람에 새의 꿈마저 위태롭구나.

	수풀 림	木부 4획	一 十 才 木 木 朴 材 林				
林			林	林	林	林	
晩	저물 만	日부 7획	丨 冂 日 日' 日冂 日免 日免 晩				
			晩	晩	晩	晩	
鳥	새 조	鳥부 0획	′ 亻 冖 白 白 鳥 鳥 鳥 鳥				
			鳥	鳥	鳥	鳥	
爭	다툴 쟁	爪부 4획	′ ′ ⺈ ⺈ 爫 爭 爭 爭				
			爭	爭	爭	爭	
樹	나무 수	木부 12획	十 才 木ʼ 桔 桔 桔 桔 樹 樹				
			樹	樹	樹	樹	

林晩鳥爭樹이요 : 숲 속 날이 저무니 새들이 나무를 다투고

	동산 원	口부 10획	冂 冂 円 周 周 周 園 園				
園			園	園	園	園	
春	봄 춘	日부 5획	一 二 三 丰 夫 表 春 春 春				
			春	春	春	春	
蝶	나비 접	虫부 9획	口 中 虫 虫 虸 虻 虻 蝶				
			蝶	蝶	蝶	蝶	
護	보호할 호	言부 14획	言 訁 訁 訁 謢 謢 謢 護				
			護	護	護	護	
花	꽃 화	艸부 4획	′ 十 艹 艹 艹 芢 芢 花				
			花	花	花	花	

園春蝶護花일새 : 동산에 봄이 드니 나비가 꽃을 지키네.

洲	물가 주	水부 6획	丶 氵 氵 汀 沙 洲 洲 洲
	洲 洲 洲 洲		
白	흰 백	白부 0획	丿 𠂉 白 白 白
	白 白 白 白		
蘆	갈대 로	艸부 16획	艹 艹 艹 产 芦 莳 蘆 蘆 蘆
	蘆 蘆 蘆 蘆		
花	꽃 화	艸부 4획	丶 艹 艹 艹 艹 芢 花
	花 花 花 花		
吐	토할 토	口부 3획	丨 口 口 叶 叶 吐
	吐 吐 吐 吐		

洲白蘆花吐이요 : 물가는 흰빛이라 이따금 갈대꽃 토해 내고

園	동산 원	口부 10획	冂 冂 門 周 周 周 園 園
	園 園 園 園		
紅	붉을 홍	糸부 3획	幺 幺 幺 糸 糸 糽 紅 紅
	紅 紅 紅 紅		
柿	감나무 시	木부 5획	一 十 オ 木 木 村 柿 柿
	柿 柿 柿 柿		
葉	잎 엽	艸부 9획	一 十 艹 艹 苹 芈 苹 葉
	葉 葉 葉 葉		
稀	드물 희	禾부 7획	二 千 禾 利 利 利 稀 稀
	稀 稀 稀 稀		

園紅柿葉稀일새 : 동산은 붉은 빛이라 단풍든 감나무 잎사귀 드문드문.

綠	푸를 록	糸부 8획	幺 糸 糸 紀 紀 紀 紀 綠 綠
	綠 綠 綠 綠		
樹	나무 수	木부 12획	十 木 杧 桔 桔 桔 桔 樹 樹
	樹 樹 樹 樹		
藏	감출 장	艸부 14획	丶 艹 艹 芓 莢 莢 藏 藏 藏
	藏 藏 藏 藏		
啼	울 제	口부 9획	口 吖 吖 吽 啐 啐 啐 啼
	啼 啼 啼 啼		
鳥	새 조	鳥부 0획	丶 广 户 户 自 鳥 鳥 鳥 鳥
	鳥 鳥 鳥 鳥		

綠樹藏啼鳥이요 : 푸른 나무는 지저귀는 새를 감추어주고

淸	맑을 청	水부 8획	氵 氵 氵 浐 淸 淸 淸 淸 淸
	淸 淸 淸 淸		
流	흐를 류	水부 7획	丶 丶 氵 氵 泸 泸 浐 流 流
	流 流 流 流		
出	날 출	凵부 3획	丨 屮 屮 出 出
	出 出 出 出		
戲	놀 희	戈부 12획	卜 广 卢 虐 虐 虛 戲 戲 戲
	戲 戲 戲 戲		
魚	고기 어	魚부 0획	丿 夕 夕 各 各 魚 魚 魚 魚
	魚 魚 魚 魚		

淸流出戲魚일새 : 맑은 물결은 노니는 물고기를 훤히 드러내주네.

推句 習字本 91

睡	잘 수	目부 8획	目 旷 旷 旷 眹 睡 睡 睡
鶴	학 학	鳥부 10획	ノ 亻 隺 雀 鹤 鹤 鶴 鶴
沙	모래 사	水부 4획	丶 丶 氵 氵 汃 沙 沙
中	가운데 중	ㅣ부 3획	丨 口 口 中
立	설 립	立부 0획	丶 亠 亣 立 立

睡鶴沙中立이요 : 조는 학은 모래 가운데 서 있고

驚	놀랄 경	馬부 13획	艹 芍 苟 菏 敬 敬 驚 驚 驚
鼯	날다람쥐 오	鼠부 7획	丨 ㄇ 臼 臼 鼠 鼡 鼯 鼯
樹	나무 수	木부 12획	十 木 朴 桔 桔 桔 桂 樹 樹
上	위 상	一부 2획	丨 卜 上
跳	달아날 도	足부 6획	口 ㅁ 무 무 무 趵 趵 跳 跳

驚鼯樹上跳일새 : 놀란 날다람쥐는 나무 위로 달아나네.

老	늙은이 로	老부 0획	一 十 土 耂 耂 老
	老 老 老 老		
人	사람 인	人부 0획	ノ 人
	人 人 人 人		
頭	머리 두	頁부 7획	一 ロ 豆 豆 豆 豆 頭 頭 頭
	頭 頭 頭 頭		
上	위 상	一부 2획	丨 ト 上
	上 上 上 上		
雪	눈 설	雨부 3획	一 广 戶 币 雨 雨 雪 雪
	雪 雪 雪 雪		

老人頭上雪은 : 늙은이 머리 위에 내린 눈은

春	봄 춘	日부 5획	一 二 三 夫 夫 表 春 春 春
	春 春 春 春		
風	바람 풍	風부 0획	ノ 几 凡 凡 凨 凬 風 風 風
	風 風 風 風		
吹	불 취	口부 4획	丨 口 口 叮 吖 吹
	吹 吹 吹 吹		
不	아니 불	一부 3획	一 丆 不 不
	不 不 不 不		
消	사라질 소	水부 7획	丶 丶 氵 氵 汁 沪 洢 消 消
	消 消 消 消		

春風吹不消일새 : 봄바람이 불어도 사라지질 않네.

	봄 춘	日부 5획	一 = 三 声 夫 表 春 春 春
春	春 春 春 春		
山	산 산	山부 0획	丨 山 山
	山 山 山 山		
晴	개일 청	日부 8획	丨 日 日' 日⁺ 旷 昨 睛 晴 晴
	晴 晴 晴 晴		
後	뒤 후	彳부 6획	′ ⺈ 彳 彳' 彳⁺ 彳^ 後 後
	後 後 後 後		
綠	푸를 록	糸부 8획	幺 糸 糸 糹 紨 紗 紨 綠 綠
	綠 綠 綠 綠		

春山晴後綠이요 : 봄 동산은 비 개인 후에 더욱 푸르고

	강 강	水부 3획	⺀ ⺀ 氵 汀 江 江
江	江 江 江 江		
月	달 월	月부 0획	丿 刀 月 月
	月 月 月 月		
夜	밤 야	夕부 5획	⺀ 一 广 亠 疒 疒 夜 夜
	夜 夜 夜 夜		
來	올 래	人부 6획	一 厂 厂 厂 双 來 來 來
	來 來 來 來		
孤	외로울 고	子부 5획	⺀ 了 子 孑 孤 孤 孤
	孤 孤 孤 孤		

江月夜來孤일새 : 강 위의 달은 밤이 되니 더욱 외롭구나.

村	마을 촌	木부 3획	一 十 才 木 村 村		
	村 村 村 村				
春	절구질할 용	白부 5획	三 丰 夫 夫 表 表 舂 舂 舂		
	舂 舂 舂 舂				
雨	비 우	雨부 0획	一 厂 厅 而 雨 雨 雨 雨		
	雨 雨 雨 雨				
外	밖 외	夕부 2획	ノ ク タ 外 外		
	外 外 外 外				
急	급할 급	心부 5획	ノ ク 夕 刍 刍 争 急 急 急		
	急 急 急 急				

村舂雨外急이요 : 촌가의 절구 소리는 비온 뒤에 더욱 급하고

隣	이웃 린	阜부 12획	՚ ³ ß ß' ß丷 ß米 ß粦 ß粦		
	隣 隣 隣 隣				
火	불 화	火부 0획	丶 丷 火 火		
	火 火 火 火				
夜	밤 야	夕부 5획	丶 亠 广 疒 疒 夜 夜 夜		
	夜 夜 夜 夜				
深	깊을 심	水부 8획	氵 氵 氵 氵 氵 氵 深 深 深		
	深 深 深 深				
明	밝을 명	日부 4획	丨 冂 日 日 明 明 明 明		
	明 明 明 明				

隣火夜深明일새 : 이웃의 등불은 밤이 깊어갈수록 더욱 밝구나.

推句 習字本

月	달 월	月부 0획	㇒ 冂 月 月
	月 月 月 月		
白	흰 백	白부 0획	㇒ 丿 白 白 白
	白 白 白 白		
秋	가을 추	禾부 4획	㇒ 二 千 千 禾 禾 秋 秋
	秋 秋 秋 秋		
江	강 강	水부 3획	丶 冫 氵 江 江 江
	江 江 江 江		
淨	깨끗할 정	水부 8획	氵 氵 氵 氵 氵 淨 淨 淨
	淨 淨 淨 淨		

月白秋江淨이요 : 달빛 밝으니 가을 강은 깨끗하고

塵	티끌 진	土부 11획	广 户 庐 庐 庐 鹿 鹿 鹿 塵
	塵 塵 塵 塵		
磨	갈 마	石부 11획	丶 亠 广 广 庐 麻 麻 磨 磨
	磨 磨 磨 磨		
故	옛 고	攴부 5획	一 十 十 古 古 古 故 故 故
	故 故 故 故		
鏡	거울 경	金부 11획	人 今 金 金 金 鋅 鋅 鏡 鏡
	鏡 鏡 鏡 鏡		
明	밝을 명	日부 4획	丨 冂 日 日 旫 明 明 明
	明 明 明 明		

塵磨故鏡明일새 : 먼지 닦아내니 옛 거울도 밝아지네.

鳥	새 조	鳥부 0획	′ ´ ´ 白 自 鳥 鳥 鳥 鳥
	鳥 鳥 鳥 鳥		
飛	날 비	飛부 0획	ㄟ ㄟ 飞 飞 飛 飛 飛 飛
	飛 飛 飛 飛		
枝	가지 지	木부 4획	一 十 才 木 木 朴 枋 枝
	枝 枝 枝 枝		
二	두 이	二부 0획	一 二
	二 二 二 二		
月	달 월	月부 0획	ノ 丿 月 月
	月 月 月 月		

鳥飛枝二月이요 : 새가 날아가니 가지가 한들한들

※ 二月, 곧 두 달은 한 달을 두번 겹친 것이라 '한들한들'이란 의태어로 풀리는 것이다.

風	바람 풍	風부 0획	ノ 几 凡 凡 凤 凮 風 風 風
	風 風 風 風		
吹	불 취	口부 4획	丨 口 口 吖 吹 吹
	吹 吹 吹 吹		
葉	잎 엽	艸부 9획	′ 艹 艹 芊 苹 苹 苹 葉
	葉 葉 葉 葉		
八	여덟 팔	八부 0획	ノ 八
	八 八 八 八		
分	나눌 분	刀부 2획	ノ 八 分 分
	分 分 分 分		

風吹葉八分일새 : 바람이 부니 잎사귀가 사뿐사뿐.

※ 八分, 곧 팔 분은 사 분을 두번 겹친 것이라 '사뿐사뿐'이란 의태어로 풀리는 것이다.

文	글월 문	文부 0획	丶 一 ナ 文				
	文	文	文	文			
章	글 장	立부 6획	丶 一 亠 ㅗ 立 音 音 音 章
	章	章	章	章			
李	성 리	木부 3획	一 十 才 木 本 李 李
	李	李	李	李			
太	클 태	大부 1획	一 ナ 大 太				
	太	太	太	太			
白	흰 백	白부 0획	丿 丶 白 白 白				
	白	白	白	白			

文章李太白이요 : 문장은 이태백이요

名	이름 명	口부 3획	丿 ク タ タ 名 名				
	名	名	名	名			
筆	붓 필	竹부 6획	丿 ト ト 竹 竹 竺 竺 筆 筆
	筆	筆	筆	筆			
王	성 왕	玉부 0획	一 二 干 王				
	王	王	王	王			
羲	숨 희	羊부 10획	丷 丷 丷 羊 差 羊 義 羲 羲
	羲	羲	羲	羲			
之	갈 지	丿부 3획	丶 一 亠 之				
	之	之	之	之			

名筆王羲之일새 : 명필은 왕희지일세.

月白秋江淨 이요
塵磨故鏡明 일새

文章李太白 이요
名筆王羲之 일새

鳥飛枝二月 이요
風吹葉八分 일새

睡鶴沙中立이요
驚鼠樹上跳일새
春山晴後綠이요
江月夜來孤일새

老人頭上雪은
春風吹不消일새
村舂雨外急이요
隣火夜深明일새

草露蟲聲濕이요
林風鳥夢危일새

洲白蘆花吐이요
園紅柿葉稀일새

林晚鳥爭樹이요
園春蝶護花일새

綠樹藏啼鳥이요
清流出戲魚일새

楊柳絲絲綠이요
桃花點點紅일새
山吐孤輪月이요
江含萬里風일새

月移山影改이요
地崩石隱沙일새
秋月揚明輝이요
冬嶺秀孤松일새

夕弄西嶼月이요
朝吟東渚風일새

地闊三千界요
天長九萬里일새

崑崙山祖宗이요
黃河水根源일새

春耕復夏耘이요
秋收乃冬藏일새

雷霆驅號令이요
雨露散仁恩일새
堯舜正午日이요
孔孟夕陽時일새

雨脚尺天地이요
雷聲叱江山일새
家貧思賢妻이요
國亂思忠臣일새

花笑聲未聽이요
鳥啼淚難看일새
綠水鷗前鏡이요
青山鶴後屏일새
天晴一雁遠이요
海闊孤帆遲일새
男奴負薪去요
女婢汲水來일새

吳楚東南坼 이요
乾坤日夜浮 일새
雨後山如沐 이요
風前草似醉 일새

飮酒人顏紅 이요
食草馬口靑 일새
鶯語雕梁晚 이요
鶯啼綠樹深 일새

細雨池中看이요
微風木末知일새

鳥喧蛇登樹이요
犬吠客到門일새

雨滴沙顏縛이요
風吹水面嚬일새

日月籠中鳥이요
乾坤水上萍일새

一日十二時이요
周天三百度일새

栗黃鼯來拾이요
柿紅兒上摘일새

草黃鳴識犢이요
沙白動知鷗일새

對飯蠅先集이요
如厠狗前行일새

雲作千層嶂이요
虹爲百尺橋일새
虎狼知父子이요
蜂蟻識君臣일새

天長去無執이요
花老蝶不來일새
桃李千機錦이요
江山一畫屛일새

水火金木土 이요
仁義禮智信 일새
世事琴三尺 이요
生涯酒一盃 일새

掃地黃金出 이요
開門萬福來 일새
白酒紅人面 이요
黃金黑吏心 일새

七月蟋蟀鳴이요 至月烈風吹이요

八月鴻雁來일새 臘月寒氷堅일새

九月嚴霜降이요 竹筍黃犢角이요

十月白雪來일새 蕨芽小兒拳일새

一二三四五_{이요} 三月玄鳥至_{이요}

六七八九十_{일새} 四月黃鶯鳴_{일새}

正月梅花發_{이요} 五月櫻桃熟_{이요}

二月柳葉新_{일새} 六月石榴結_{일새}

一日不讀書_{이면}
口中生荊棘_{일새}

開襟女乳圓_{이요}
著弁僧頭角_{일새}

脫冠翁頭白_{이요}
吹火女脣紅_{일새}

十年燈下苦_{이면}
三日馬頭榮_{일새}

白蝶紛紛雪이요
黃鶯片片金일새

狗走梅花落이요
鷄行竹葉成일새

蝶翅輕翻粉이요
鶯聲巧囀簧일새

青松君子節이요
綠竹烈女貞일새

柳色黃金嫩이요
梨花白雪香이요

春水滿四澤이요
夏雲多奇峯일새

花落憐不掃이요
月明愛無眠일새

野廣天低樹이요
江清月近人일새

人心朝夕變이요
山色古今同일새

花有重開日이요
人無更少年일새

馬行千里路요
牛耕百畝田일새

馬行駒隨後이요
牛耕犢臥原일새

月出天開眼 이요
山高地擧頭 일새
月到梧桐上 이요
風來楊柳邊 일새
月到天心處 이요
風來水面時 일새
山外山不盡 이요
路中路無窮 일새

月作雲間鏡이요
風爲竹裏琴일새

白雲山上蓋이요
明月水中珠일새

燈爲房中月이요
月作天下燈일새

棹穿波底月이요
船壓水中天일새

碧海黃龍宅이요
青松白鶴樓일새

月爲大將軍이요
星作百萬師일새

鳥歸沙有跡이요
帆過浪無痕일새

月爲無柄扇이요
星作絶纓珠일새

夫婦二姓合_{이요}
兄弟一體分_{일새}
天地藏萬物_{이요}
江河束千山_{일새}

父母如天地_{이요}
兄弟似日月_{일새}
東西日月門_{이요}
南北鴻雁路_{일새}

天高日月明이요
地厚草木生일새
秋涼黃菊發이요
冬寒白雪來일새

春來李花白이요
夏至樹葉青일새
父母千年壽요
子孫萬世榮일새

句推
本誦讀

장 재 석
성균관대학교 국어국문학과 졸업.
성균관대학교 대학원 국어국문학과 수료.
한림원 수료.
태동고전연구소 수료.
편역서:『습자본 사자소학』(법인문화사)

습자본 추 구

초판 인쇄 / 2010년 3월 2일
초판 발행 / 2010년 3월 9일
편역자 / 장 재 석
펴낸이 / 김 근 중
펴낸곳 / 법인문화사
110-100 서울특별시 종로구 교남동 47번지
전　　화 : 720-8004~6
팩시밀리 : 736-2325
등록번호 / 제2-459호(1988. 1. 22.)
2010년 ⓒ 法仁文化社
ISBN 978-89-7896-153-0-03700

값 6,000 원

※ 낙장이나 파본은 교환해 드립니다.
※ 이 책의 편집저작권은 법인문화사에 있으므로 인지를 생략합니다.
http://www.bubinbooks.co.kr　　E-mail:bubinbooks@bubinbooks.co.kr

◉ 선인들이 익혔던 정서함양 입문서

推 句

법인문화사